為愛而罷

公民做主，
反共不分藍綠！

作者／曹興誠 等
企劃／一卷文化

目次

—輯三—

文化界自發行動

—輯四—

公民社會備忘錄

輯二

因爲愛，所以挺身而出

(「全罷馬」臉書粉絲專頁　提供)

爲愛而罷——清除統一的思想毒素

曹興誠

她們站出來是因爲愛

她們許多是媽媽，把孩子囑付給先生照顧，然後自己站上街頭，整天舉著牌子，殷殷勸導路人來連署罷免。她們許多也是公司的中、高階經理人，請了假，在路邊臨時簡陋的桌上，幫人一遍又一遍地塡寫罷免連署書。她們這樣做，沒有索取任何報酬。她們這樣做，只有一個目的，就是保衛臺灣，阻擋中共侵犯，守住自己的民主自由，不讓子女後代被中共洗腦成爲流氓和白癡。

她們肯站出來，這樣櫛風沐雨，堅定不移，因爲她們知道，國民黨已經集體背叛了臺灣，轉而認同了中華人民共和國。這些自稱是「中國人」的國民黨立委，正在與中共裡應外合，盡一切力量，想用最短時間，摧毀臺灣的民主憲政，癱瘓臺灣的行政職能，讓臺灣步上香港的後塵。

香港失去自由的悲劇，臺灣失去主權的威脅，其實根本就不應該發生在二十一世紀的今天。

臺灣主權在民，不容侵犯

一九四八年，聯合國通過了《世界人權宣言》，指出任何地方的政府，其權力應該來自該地人民的意志。這個意志可以透過定期的投票來展示。

《世界人權宣言》是平地一聲雷，宣示了「主權在民」，任何未經當地人民投票授權的外來政權，均屬非法，都須下臺走路。

一九四五年二戰結束時，世界主權獨立的國家只有六十個。一九四八年以後，殖民者不得不紛紛放棄對殖民地的統治，讓各地人民獨立建國，使得今天世界獨立國家的數目達到一百九十五個，而且還在持續增加之中。

和「主權在民」對立的概念，就是「統一」。統一是集權勢力對人權的侵犯，是侵略，是霸凌，是戰爭和殺戮的根源。

中國國民黨和中國共產黨，都是俄國列寧式的政黨。此兩黨都堅持中國統一，互相鬥爭百年，破壞中國人實現主權在民和民主法治。

《世界人權宣言》出世以後，中國國民黨和中國共產黨，都應該予以安樂死而宣布解散。中國應該讓各地人民自治，在地方實現民主獨立，再由各地人民，決定是否聯省自治或組成聯邦。

臺灣在一九九六年直選總統以後，已經實現主權在民，成爲獨立健全的民主國家。然而中共國仍然信誓旦旦，欲以統一之名侵略臺灣。

用大罷免清除統一思想餘毒

中共野蠻、落後、無知，臺灣人無法可管；但臺灣的中國國民黨，今天還要跟中共勾結，欲以統一之名，摧毀臺灣的民主自由，則屬罪不可逭！

臺灣人應該認知，統一思想是農業時代的野蠻遺毒，要把散播統一思想定爲非法，像歐洲各國禁止傳播納粹思想一樣。

驅逐了統一思想，可以讓臺灣的國民黨清醒過來，改變成爲具有正確人權觀念的現代政黨，重新在臺灣找到生存的意義和方向。

大罷免一定會完成，但如果不能藉機清除統一的思想毒素，則不能算是大成功。

曹興誠

臺灣企業家，聯華電子創辦人，是藝術鑑賞家及古董收藏家，別號八不居士，亦是youtuber，在YouTube平臺推出「知定講堂」，談藝術與思想啓蒙。此次大罷免運動，號召成立「反共護國志工聯盟」，投身擔任志工，並組「反共律師團」協助各地罷免志工反制惡意提告。

曹興誠發放臺北市大安區罷團創辦發行的《四能報》。（POE 攝影）

藍白結盟，無視民意強推惡法
唯有改變國會結構，臺灣才能遠離中國威脅

沈伯洋

前言

中國多年來持續以軍機、軍艦對臺灣進行騷擾，擾臺的頻率與規模更是逐年增加；但臺灣人民對中國數十年來的恫嚇行爲已逐漸麻木。對此，我們必須清楚認識到，中國正試圖逐步突破兩岸與國際社會過去共同建立的默契；他們採取「逐步蠶食」的策略，一次破壞一些規範，試圖將現有規則，慢慢推向對其有利的方向。

中國利用「常態化挑釁行爲」的策略，讓人們產生麻木的心態，在不引起過

多關注的情況下推進其目標；這些行爲往往難以用常規手段直接應對，因此也被稱爲「灰色地帶行爲」。二〇二四年二月在金門海域發生中國「三無船」（無船名、無船舶證書、無船籍港登記）逃避查稽事件，後續引發的法律戰、輿論戰，即是中國利用突發事件意圖趁亂破壞既有規則的顯著案例。

面對中國步步進逼，臺灣人民需要的，是一個能夠立法保障國家安全、社會民主、人民自由，抵禦中國灰色地帶侵略的立法機關。

國會朝小野大、三黨不過半

二〇二四年一月十三日，民主進步黨總統、副總統候選人賴淸德、蕭美琴以四〇．〇五％的得票率當選第十六任總統、副總統；同一時間，國會改選的結果並沒有任何一個政黨單獨過半，時隔十六年再次迎來朝小野大的政治局勢。

選舉期間，中國積極介入立委選舉，尤其鄉村型選區綁樁容易，是一種系統性的作戰。中共介選目標包括選後政局操控有利其兩岸關係走向；培養願與中共對話的政治隊伍；利用選舉激情煽動朝野、官民對立；「實戰操兵」檢視部署在臺的內應有無動員力量；測試民主體制對外力干預內政防禦韌性；滿足中國內部的民族情緒，提高習政權正當性。

名爲國會改革的一場鬧劇

二〇二四年四月，國民黨與民衆黨聯手推動《立法院職權行使法》修法，並在司法及法制委員會以舉手表決的方式，沒收民進黨籍委員的發言。這場號稱是「國會改革」的修法過程，因爲欠缺實質的討論，並在最後一刻才提出號稱「最高機密」版的草案，以規避人民監督的方式表決（自表決器裝設後首次在院會以不在席舉手表決的方式議決），最終引發二〇一四年以來最大的群衆運動——「青鳥運動」。

《立法院職權行使法》三讀後，由於立法過程的瑕疵，以及法案嚴重侵害各憲政機關權責，促使包括立法院民進黨團、行政院、總統及監察院相繼提出釋憲聲請，並讓憲法法庭做成一一三年憲判字第九號判決，宣告多數條文違憲。國民黨與民眾黨聯手演出，高舉「國會改革」的擴權法案，在歷時六個多月後，最終以鬧劇收場，留下「黑箱國會」的惡名。

惡意報復的憲訴法、選罷法修法，掏空中央財政的財劃法修惡

國民黨與民眾黨罔顧民意、拒絕討論並強推擴權法案的結果，除了遭到憲法法庭宣告違憲外，也使民眾興起罷免的念頭。面對民意反撲，國民黨與民眾黨卻提出《公職人員選舉罷免法》與《憲法訴訟法》修正案，一方面要求罷免應該要檢附身分證影本，另一方面提高憲法法庭的議決門檻；這兩個草案，使得

罷免及憲法裁判的門檻驟然升高，嚴重影響人民的基本權利，也促使群眾再次上街抗議。

這次修法與前次《立法院職權行使法》不同的是，國民黨與民眾黨直接將兩部法案逕付二讀，跳過了委員會審查的階段；不變的是，國民黨與民眾黨依舊在最後一刻才提出要表決的草案，依舊是以不在席舉手表決的方式，沒收民進黨委員的發言，強行表決通過這兩個爭議法案。其間，國民黨甚至把立法院的門鎖住，不讓民進黨進來，然後舉手投票將法案送出委員會，這是任何一個民主國家無法想像之事。

同一天進行表決的，還有《財政收支劃分法》，迫使中央財政必須釋出三千五百三十七億，卻未檢討事權分配，嚴重排擠國防、社福、教育等中央預算；此外，由於分配公式獨厚特定縣市，亦引發諸多區域委員及縣市首長不滿。

荒謬無理的預算刪減

每年九月立法院開啟的新會期，最重要的工作就是審查隔年度的國家預算（通稱預算會期），然而國民黨卻將重點放在《財政收支劃分法》的修法；預算會期遇上財劃法修正，且三讀通過的版本並沒有指定施行日期（未指定施行日期的法案會於總統公布後第三日生效），嚴重影響隔年度的預算編列，部分國民黨委員甚至一度要求總預算應退回行政院重編。儘管總預算最終順利在各個委員會完成審查，但送入院會後卻是惡夢的開始。

過往，總預算在議決前，都會經過朝野協商，確認預算刪、凍的影響，以及解凍的條件。本屆國民黨與民衆黨聯手掌控下的立法院，首次發生不協商就表決的「奇景」，也由於可表決的時間有限，導致國民黨與民衆黨只能不斷撤回原先提出的議案，以求能在時間內完成三讀。這種協商前提出數千個預算案，在沒有協商、未向人民說明的情況下，只因爲時間因素，就撤回提案，已是十分荒謬；更荒謬的是，因爲沒有協商，同一科目遭重複刪減，甚至減爲負數的情況，還不只一樁。未經協商、重複刪減的結果，立法院首次出現總預算審查無法計算出刪減總額的醜態。

總預算無理刪除、凍結的結果，使社會大眾驚覺立法院亂象必須立即遏止，大罷免運動油然而生。

違背憲政義務的人事審查延宕

二〇〇七年八月，司法院大法官會議作成釋字第六三二號解釋，闡明立法院有人事審查的憲政義務。

然而，在國民黨與民衆黨聯手掌控下的立法院，對於總統所提出的大法官人選，以及行政院所提出的國家通訊傳播委員會（NCC）委員名單，遲遲不願排案審查。尤有甚者，國民黨與民衆黨還修改相關法規，令憲法法庭與NCC在員額不足的情況下，直接停擺。

以憲法法庭爲例，《憲法訴訟法》三讀後的第四天（二〇二四年十二月二十四日），立法院進行七名大法官被提名人的人事同意權案，投票結果，沒有任何一位被提名人獲全體半數委員同意，致使憲法法庭僅存八名大法官，因而無法做出任何裁判。

倒退數十年的議事運作

國民黨與民衆黨憑藉人數優勢，不僅迴避針對爭議性法案進行實質辯論，還頻繁自稱代表「多數民意」，創下包括「舉手表決」、「沒收討論」、「閉門會議」、「密室協商」、「違背憲政義務」等諸多劣行。

以二〇二四年十二月十六日內政委員會審查選罷法爲例，國民黨當日一早即封鎖委員會，並在開會三分鐘內通過初審（罷免票數需比當選票數多一票才能成立罷免案）；整場會議，不但民進黨委員被擋在會議室門外，連法案主管機關都無法入場表示意見，恐怕是古往今來第一例。

此外，立法院院長韓國瑜在朝野協商的主持能力不足，難以在公開協商的會場上凝聚各方共識，僅能在議場後方的院長休息室內密室協商；這也是過去八年民進黨國會過半時，未曾見過的景象。

國安危機迫在眉睫

二〇一六年國民黨失去執政地位後，不僅無法維持過去的優勢支持，亦須繳回過去不當取得的龐大黨產。隨後，國民黨逐漸向中國共產黨靠攏，背離過去明確反共的立場。

自本屆立法院會期以來，我們愈來愈明顯地看到，多項破壞臺灣憲政體制與財政紀律、削弱國防及國家安全的法案，都是國民黨立委赴中、赴港後，返臺便開始主導通過。這些法案不僅漠視民進黨提出的充分討論要求，也無視社會多數的反對聲浪，最終強行三讀。

＊二〇二四年四月，國民黨總召傅崐萁率領十六位國民黨立委訪問中國返臺後，隨即強勢推動《立法院職權行使法》三讀。

＊二〇二四年十二月，國民黨立法院黨團總召傅崐萁自香港返臺後，隨即強勢通過財劃法三讀。

國民黨與民眾黨不僅在立法院強行通過多項未經充分討論的爭議法案，也多次阻撓有助於強化臺灣國安的立法進程，單是「立委赴中報審」就遭在野黨阻擋超過五百次，而「禁止退伍軍人赴中參與統戰性活動」也遭到程序阻撓。

除了法案上的阻撓，國民黨與民眾黨也透過預算的刪、凍，削弱國防實力。以國防部爲例，初始預算數爲新臺幣四千七百六十億元，最終被整體刪減了八十四億元，並有九百億元遭到凍結；受影響範圍包括軍事裝備、訓練、基礎建設及政策推動。此外，也影響到關鍵專案的經費，如國造潛艦計畫、海外軍事訓練，以及新興的無人機產業園區計畫等。

而在面對關稅談判以及在野黨削減中央政府總預算的情況，行政院於二〇二五年五月提出一項名爲《因應國際情勢變化及強化經濟社會國安韌性特別條例》的法案，規模達新臺幣四千一百億元，其中一千五百億元專用於國家安全韌性，目的在於加強國防能力、海域監控，以及資訊與通訊基礎設施的升級。然而，在野黨主張發現金給民衆，以抵銷高關稅帶來的衝擊；國民黨的版本建議發放一萬元，民衆黨版本則建議發放六千元。

儘管目前因爲罷免的因素，暫緩了國民黨爭議法案的強推，但國民黨多位領袖曾公開表示，部分國安法律應予廢除。例如，前總統馬英九曾稱《反滲透法》爲違憲惡法，並將臺灣二〇一九年制定的國安五法與香港的「港版國安法」相提並論；現任國民黨主席朱立倫及國民黨多位立委也呼應馬英九的修法主張；而現任國民黨黨團總召傅崐萁則時常聲稱，包括《反滲透法》在內的國安相關法律是阻礙兩岸交流。

國民黨委員亦已經提出多項具引發國安疑慮的法律，例如：多名國民黨立委提案主張放寬中國配偶取得我國身分證（公民權）的年限，將六年縮短爲四年；陳永康委員提出的《國家安全戰略法》草案，主張由行政院發布「國家安全戰略報告」，架空憲法賦予總統的職權；陳永康委員另外提出的兩岸條例草案，強調兩岸仍處在「內戰」，並使臺海產生「內海化」的疑慮；陳雪生委員、陳玉珍委員等分別提出的《離島建設條例》草案，允許離島可以自由引進中國資金、設備與人員，並授權地方政府與中國談判，此舉恐導致臺灣離島淪爲中國資產流通與勢力擴張的平臺，同時陷入「地方包圍中央」的統戰格局。

國難當前必須挺身而出

上述種種提案與行爲，明顯已對臺灣的穩定與國家安全構成重大影響。除了特別條例外，這些法案全是在新國會任期一年內陸續提出並推動通過。每一項爭議法案背後，環環相扣，皆指向動搖臺灣的民主體制、國安機制、財政紀律及國防韌性。在中國野心步步進逼之際，臺灣絕不應容忍民選代表於體制內擾亂國家運作，危及自身與印太地區的和平穩定。

罷免，是憲法賦予人民的基本權利。當國會議員不以臺灣利益優先、不以人民福祉優先，無視政府運作胡亂刪減預算、執意破壞憲政體制時，罷免已成爲人民最後的武器。

只有讓國會結構改變，臺灣才能遠離中國的威脅。

沈伯洋
立法委員。美國加州大學爾灣分校犯罪與法律社會學博士，賓州大學法學碩士，臺灣大學法學碩士，關注領域包括刑法、法律社會學、刑事政策和白領犯罪，資訊戰及假新聞議題。曾任臺北大學犯罪學研究所副教授、臺灣民主實驗室理事長、黑熊學院共同創辦人、臺灣民主實驗室理事長、臺灣人權促進會副理事長。著有《戰狼來了：關西機場事件的假新聞、資訊戰》、《阿共打來怎麼辦》等書。

站在歷史十字路口

當國會濫權時，你選擇怎麼做？

苗博雅

每當回顧歷史，我總忍不住想：如果我是那時的人，我該怎麼做才能將悲劇改寫？

納粹的極端之惡是人類歷史最大的悲劇。一次世界大戰後，德國擁有號稱最先進的威瑪共和憲法，以及國會三分之二的高修憲門檻。然而卻在很短的時間內遭納粹奪權覆滅。這是如何發生的？

希特勒領導的納粹黨，在一九三二年的國會選舉並未過半。然而一九三三年二月二十七日德國國會大廈失火，隨後納粹黨利用此一事件，對其他政黨加以逮捕及壓迫。一九三三年三月五日德國國會重新選舉，在總席次六百四十七席中，納粹黨贏得二百八十八席，加上友黨中央黨七十三席，共取得三百六十一席。雖然過半，但並未達到三分之二修憲門檻。

此時，納粹黨運用了一個「議事手段」，在三月二十三日審查《授權法》時，將八十一名缺席的共產黨議員「不列入法定人數」，使得表決總席次由六百四十七席減爲五百六十六席。按照原本法定席次數，納粹聯盟須再拉攏額外七十一席，才能跨過三分之二修憲門檻。然而，直接抹除缺席議員席次後，只需再拉攏十七席就能通過《授權法》。

果不其然，在希特勒納粹聯盟大力推動下，德國國會通過《授權法》，賦予希特勒內閣不需經過國會同意卽可直接立法的權力。當時的納粹，以國會立法程序爲包裝，恣意變更表決權計算，讓本不該掌握大權的希特勒取得權力，破壞威瑪憲法的「權力分立」意旨。

德國威瑪共和的自由民主憲政體制，便是在納粹黨不受節制的「立法程序」下，最終如沙灘上的碉堡隨浪花潰散。

如果你是一九三〇年代的德國公民，反對納粹黨在國會踐踏正當法律程序，以民主之名行毀憲之實，這就是你能做的最能改變歷史的事。

民主並非只進不退。相反地，外部敵對勢力和內部野心政客，隨時對民主虎視眈眈，民主是不進則退，必須細心呵護。「權力分立與制衡」是現代民主國家防範多數決淪爲多數暴力、多數暴政的機制。讓政府的權力分散在不同機關，讓不同機關之間相互制衡，是防範暴政的基本工具。

若人類是天使，我們就不需要政府。正因爲人非聖賢，人性有其黑暗面，權力若是過度集中，終將導致暴政。因此民主需要不同政黨彼此競爭，政府體制需要權力之間的相互牽制，確保每個政黨、每個政客都受到檢驗，確保政府的權力不會過度膨脹以致侵害人民權利。

政府的權力該怎麼分散？如何制衡？目前世界主流的方式，是在憲法中設計「行政、立法、司法」三權分立制度。行政權由定期選舉產生，受到同樣也是定期選舉產生的國會監督。行政、立法兩權，代表多數人民的意志，爲了防範多數暴力，必須設置獨立審判的「司法違憲審查」制度，負責把關憲法劃下的紅線，確保行政、立法都遵守憲法。司法權不是經過選舉產生，因此多數民主國家是透過行政權提名、立法權同意的方式，讓司法違憲審查權具備民主正當性，同時限制違憲審查權只能被動開啟，不能主動啟動，以防止司法權過度膨脹[1]。

當自稱代表人民的政客開始濫用權力，將原本分散在不同機關的權力集中到自己手中時，人民必須有所警覺，並且採取行動及時制止披著民主外皮的民粹，共同守護得來不易的自由民主憲政秩序。

尤其是自稱代表民意的權力，開始蓄意侵蝕職司違憲審查的司法權，我們必須格外警覺。違憲審查是防範多數決淪爲多數暴力的最關鍵紅線。若違憲審查

1 我國目前實施的中華民國憲法，從行政權分離出考試權，從立法權分離出監察權，成爲世界罕見的五權分立。目前經歷七次修憲，雖尚未成爲三權分立，但在大結構上仍具備權力分立與制衡的基本條件：總統與立法委員由定期選舉產生，監察委員、考試委員、司法院大法官由總統提名、立法院同意任命。總統與其任命的行政院長有人事任命權、預算編制權等行政權；立法院有預算審查權、法律制定權等立法權加以監督制衡；憲法法庭則有違憲審查權並搭配被動審查及任期限制確保不過度擴張。

機制被抹除，多數暴政的悲劇恐將上演。

而自二〇二四年迄今，臺灣人正見證一段「國會自治慘淪國會亂治」的鬧劇。

國會亂治的開端

二〇二四年五月，由中國國民黨和臺灣民眾黨[2]多數聯盟（下稱藍白聯盟）主導的《立法院職權行使法》修正案，在場外數萬公民抗議下，以暴力優勢強行三讀闖關。藍白聯盟聲稱這個法案是「國會改革」。但最爭議的是，藍白聯盟臨時提出的修法版本，過度膨脹國會調查權，實質上已形成對司法權、監察權、行政權的侵害，破壞權力分立，而有違憲之虞。立院少數黨強烈抗議，也引起社會普遍質疑。

而後在同年十月二十五日，憲法法庭一一三年憲判字第九號判決，憲法法庭以牴觸中華民國憲法及其增修條文所定之權力分立規定，亦有違司法院大法官

[2] 此為二〇一九年創立的臺灣民眾黨。由蔣渭水等先賢創立的臺灣民眾黨，原為臺灣民主發展史重要歷史資產。然二〇一九年柯文哲創立的臺灣民眾黨，蓄意採用完全重複的名稱，造成爾後在政治評論及歷史記載的嚴重混淆困擾，令人遺憾。

釋字第五八五號解釋，宣告藍白聯盟通過的修法違憲。

憲法法庭的判決，證實公民團體及立院少數黨在修法過程中提出的質疑，確實有其道理。在正常民主國家，立院多數應針對宣告違憲的法條，重新進行合憲的修正。然而令人驚駭的是，藍白聯盟不思依照判決結果進行合憲的修法，竟然開啟新一波「政治報復司法」行動。

二〇二四年十二月，藍白聯盟在爭議聲浪中，再次強行修正《憲法訴訟法》，將憲法法庭評議門檻拉高至十人，判決違憲的門檻拉高至九人。對照其他民主國家立法，設置高評議門檻的國家，爲了避免職司違憲審查的機關陷入停擺僵局，都有大法官缺位時的補救措施。例如未通過新任命人選時，由原任大法官延任，或有缺額時，由下級法院法官遞補，或轉移案件由下級法院審理。

然而，藍白聯盟的《憲法訴訟法》，並未針對大法官缺額導致評議人數不足門檻設置配套措施。因此立法院只需透過不斷杯葛總統提名，就可導致憲法法庭因人數不足陷入停擺。就算勉強達到十人評議門檻，竟需要九名大法官同意才能宣告違憲判決，形成「世界最高，舉世無雙」的「百分之九十」判決門檻。當大法官十人，八人認爲違憲，只需要兩票少數堅持不同意，就無法宣告違憲判決。當一部法律有八成大法官都認爲違憲，應該足以代表這部法律的憲法疑慮極大，但是在藍白聯盟修法之下，反而形成少數兩人可否決多數八人的一把「違憲保護傘」。

依照藍白聯盟通過的《憲法訴訟法》，立法院只需杯葛人事審查，就能達成癱瘓憲法法庭的政治目的，同時即便憲法法庭勉強運作，也難以做成判決、導正違憲亂象。司法院大法官釋字第六三二號解釋，早已揭橥「憲法設置國家機關之本旨，在使各憲法機關發揮其應有之憲政功能，不致因人事更迭而有一日中斷。為避免因繼任人選一時無法產生致影響憲政機關之實質存續與正常運行，世界各國不乏於憲法或法律中明文規定適當機制，以維憲法機關於不墜之例」。立法權制定的法律，使司法權擁有的違憲審查難以行使，已有牴觸釋字六三二號之虞。

憲法法庭歷年審理的案件，有超過九成是人民聲請違憲審查的案件。立法院以法律制定權，嚴重侵蝕了憲法法庭違憲審查的權力，對有冤難伸，正在排隊期待司法違憲審查保障其基本權利的人民、情何以堪！比起二〇〇四年立法院爲政治報復而刪減大法官專業加給（司法院大法官釋字第六〇一號解釋參照），藍白聯盟意圖透過修法侵蝕憲法法庭，更是再次創下政治報復司法的惡質民主範例。

除了毀損司法的違憲審查權，立法院也透過預算審查權，遂行侵蝕行政權的企圖，以及開啟不透過修憲程序、實質廢除監察權的政治議程。

濫刪預算，侵害行政權與監察權

二〇二五年一月二十一日，立法院通過一一四年中央政府總預算，又引發新一波憲政爭議。司法院大法官釋字三九一號解釋，曾揭示立法院預算審查權的範圍：

「立法機關審議預算案具有批准行政措施即年度施政計畫之性質，其審議方式自不得比照法律案作逐條逐句之增刪修改，而對各機關所編列預算之數額，在款項目節間移動增減並追加或削減原預算之項目，實質上變動施政計畫之內容，造成政策成敗無所歸屬，政治責任難予釐清之結果，有違立法權與行政權分立之憲政原理……於審議預算案時如發現有不當之支出者，復得逕為合理之刪減，均足達成監督施政，避免支出浮濫致增人民負擔之目的。」

按釋字三九一號解釋，立法院可以「合理刪減預算」，但權力並沒有大到可以無邊無際任意變更行政院所提預算。因爲「行政院有預算編制權」、「立法院有預算審查權」，兩個權力是分立制衡，立法院的預算審查權，不能侵害行政院的預算編製權。

至於何謂「合理」？釋字三九一號大法官蘇俊雄、劉鐵錚的不同意見書提及「預算同一性」的概念。立法部門的預算議決權限，不能過度變動行政部門所提的預算案，亦卽立法部門所議決的預算案，與原行政部門所爲提案，仍應維持在具有基本的「同一性」的範圍之內行使。因爲立法部門議決後的預算案，若與原行政部門所爲提案不具基本的「同一性」，將掏空憲法分派預算提案權予行政部門的實質意義，從權力分立的觀點，自然不被容許。

至於「同一性」的認定，則是以立法者所造成的變動，是否會影響行政機關原欲達成的政策目標（如法定行政任務之履行等）作爲個案判斷。簡言之，行政院送進立法院的預算，完成審查後，必須具備「同一性」，不能原本是「劉德華」，刪減後變成「劉雪華」，否則卽有牴觸權力分立之虞。

這次中央政府總預算立法院審查結果，有多個行政院所屬單位業務費遭大幅刪除或凍結，影響機關日常運作。而史上最高的「統刪」預算數，高達九百三十九億，但立法院指定的統刪科目刪除數，僅有三百餘億，其餘超過六百億的統刪數，要求行政院自行刪除補足。換言之，立法院想統刪史上最高九百三十九億，卻找不到這麼多該刪除的科目數字。高達三分之二的統刪數，立法院找不到浮濫編列的科目，不知道該刪哪裡，卻叫行政院自己砍掉，進而導致行政院必須以減少對地方政府一般性補助款，因應立法院要求補足的統刪數。

立法院能力不足卻又濫用刪除預算權力，終致影響地方政府財政，難怪立法院的監督能力令許多民眾質疑。而這樣的審查結果，亦有逾越釋字三九一號解釋所指明「合理刪減」原則之虞。

此外，監察院推動業務所需部分預算遭全數刪除（甚至有刪除至負數之離譜結果），已妨礙監察權正常行使，立法權侵害監察權的意圖至爲明顯。

監察權的存廢，社會上固然有不同意見，然而，任何涉及憲政秩序規範的變動，都必須經過正當的法律程序。例如「省政府」的存廢，雖然社會上長期有人主張廢省，但是因爲省政府是明定在憲法的地方自治團體，不能直接透過行政院以人事縮編或立法院砍光經費達成廢省，必須經由一九九七年第四次修憲，才完成了凍省修憲程序。

縱使我們認爲五權分立應朝向三權分立改進，也應該經由修憲或制憲程序，才具備憲政正當性。繞過修憲或制憲程序的重大憲政秩序變更，往往是少數人顚覆既存自由民主憲政秩序的野心實踐。立法院不走修憲或制憲程序，用修法或預算審查，破壞其他憲政機關正常運作，這不是改革，而是背棄了憲政忠誠義務。

鬧劇會不會變悲劇？

本屆立法委員任期自二〇二四年二月起，短短一年之間，竟連續引發《立法院職權行使法》修法違憲、《憲法訴訟法》癱瘓憲法法庭、總預算不合理刪減致影響其他憲政機關正常運作等重大憲政爭議。本屆立法院的程度之差，令人嘆爲觀止。

而藍白聯盟似乎也了解輿論對於立法院的不滿逐步升高。爲了防止公民追究立法委員胡亂行使職權的政治責任，二〇二四年十二月二十日，立法院強行三讀通過《公職人員選舉罷免法》修正案，要求罷免提議與連署需提出身分證影本。帶頭推動此案的立法委員黃國昌，曾於二〇一三年公開批評「有一批立委，剛選上，第一件事情就是，他或許預知接下來會做很可怕的事情，所以他在立法院裡面提案，進一步讓你的罷免程序變得很複雜，要求你把身分證正反面影本交出來」。如今換了位置卻換了腦袋，與傅崐萁聯手取得主導立院大權後，竟墮落成爲他昔日所批判的對象，推動壓制選民罷免權的法案。

而更令人擔憂的是，黃國昌昔日所言「接下來會做很可怕的事情」是否成眞？

觀察以上爭議法案的脈絡，一年之間，憲法法庭遭受癱瘓威脅；行政院因預算刪除凍結日常業務受到影響，重大政策難以推行；監察權因預算刪凍，難以正常行使職權。而藍白聯盟仍持續推出擴張立法權的法案，並以欠缺實質辯論、排除少數黨參與的方式通過。我們擔心，這些爭議並非偶發個案，而是立院藍白聯盟有計畫地膨脹立法院的權力，並且逐步廢棄、侵蝕其他憲政機關的權力。

回顧歷史，「一權獨大」必將導致憲政失衡，滋生暴政溫床。多數人知道防範行政權大權獨攬，但只有少數人警覺「立法獨裁」的可怕。二次世界大戰前的納粹崛起，國會亂象正是摧毀威瑪共和的決定性因素。二〇一九年後的香港，也證實獨裁者的進化：中共只要掌握香港「立法會」，持續推動限制民權的立法，不需開出坦克，無需端出砲彈，就能將原本自由法治的香港關進中共獨裁的鐵幕。我們應以史爲鑒，對以「立法」之名行「獨大」之實的政治操作提高警覺。

臺灣實施的憲政制度，行政權若濫權，可由立法權和司法權來監督；立法權若踩到憲政紅線，可由司法權作違憲審查，由人民選舉罷免追究政治責任。而司法的違憲審查權，僅能由機關或人民聲請被動發動，且大法官有任期限制，不得連任，以限制司法權的擴張。

但立法院以「民意」之名，先將砲口對準大法官，實質阻礙司法違憲審查權的有效行使，再設定身分證影本的高門檻，限縮人民的罷免權，不禁令人擔憂：若立法權逐步走向「無法制衡」的國會至上主義，是否下一步就是走向國會獨裁？立法技術拙劣是鬧劇，但若走向國會獨裁，則是臺灣民主史的悲劇。

前所未見的程序霸凌

這樣的憂慮並非空穴來風。除了實質內容不妥的立法層出不窮，立法院在立法程序層面的缺失，民間亦有諸多批評。本屆（第十一屆）立法院就任短短一年之內，藍白聯盟違反議事慣例，排除壓制少數黨的作爲，就已超過前兩屆國會的八年總和。說明如下：

・程序委員會阻擋案件排審付委

自第九屆起，立法院即落實民間長期呼籲的「程序委員會不擋案」訴求，多數黨尊重少數黨提案權，具備提案形式要件的議案，不論實質內容，皆通過程序委員會，排入大會付委程序。然從本屆開始，包括立委沈伯洋所提國安相關法案等少數黨立委提案，多次在程序委員會遭到阻擋，無法排入大會付委。第九屆開始落實的「程序不擋案」改革宣告終結。

・多數黨刻意排除少數黨提案併案審查

依照立法院向來議事慣例，同一法案在委員會審查時，會將行政機關及各黨的不同提案共同併案審查，以廣納多元意見。然而本屆藍白聯盟審查《立法院職權行使法》等爭議法案時，卻刻意不將少數黨已提出的草案併案，造成法案討論時欠缺少數黨版本。

・多數黨刻意阻礙委員會逐條實質審查

依照民間長期倡議的「委員會中心主義」，立法院應以委員會逐條實質討論爲原則，無共識保留付政黨協商爲例外。二〇一六年，時代力量立委黃國昌曾對國會改革表示「最大的共識就是委員會中心主義，希望法律案可以在委員會進行比較細緻的討論，包括法條內部規範邏輯一致性、完整性、細緻度。在委員會保留的條文若超過三分之一，不適合交到院會處理」。然而，本屆立院藍白多數聯盟多次在《立法院職權行使法》等爭議法案逐條討論時，以多數決方式將全案保留付政黨協商，沒收委員會逐條發言討論，黃國昌主導的立法程序，澈底背棄黃國昌主張的國會改革。一年之內違背委員會中心主義的立法就已超過前兩屆總和。

・多數黨以暴力阻擋少數黨入場開會

過往立法院曾多次發生少數黨爲杯葛議事，避免表決失敗，而阻擋多數黨進入會議室的議事抗爭。然而本屆卻破天荒發生「多數不敢讓少數進場開會」的荒唐情事。二〇二四年十二月十六日，立法院內政委員會審查提高罷免程序門檻的《公職人員選舉罷免法》，藍白聯盟竟以封死走廊、人牆阻擋等方式，讓少數黨立委不得其門而入，僅有多數黨立委得以進場簽到，在主席徐欣瑩宣布開會三分鐘卽將全案逐條保留送政黨協商，委員會審查程序完全被架空。

・濫用逕付二讀制度

逕付二讀制度原理是爲處理有時效性的議案。過往黃國昌立委時常批評多數黨濫用逕付二讀，迴避委員會審查機制。然而，本屆運用逕付二讀跳過委員會審查的法案數，已超過前兩屆總和，比起以前的立法院，現在的藍白聯盟濫用逕付二讀的情況顯然變本加厲。

・濫用「再修正動議」突襲表決爭議法案

「再修正動議」原本是在院會二、三讀時，針對個別條文提出修正意見的機制，制度原旨是讓未參與委員會討論的立委有機會表達不同意見。然而自本屆開始，藍白聯盟濫用再修正動議，針對法案諸多關鍵條文，提出臨時急就章的「最高機密版」，表決通過前幾小時才將全案內容定稿，隨即以多數優勢碾壓，造成最後三讀通過的版本與先前委員會、公聽會、政黨協商所討論的條文面目全非，不但讓三讀前的討論形同虛設，且最後的立法品質粗糙，文意矛盾、漏洞百出，甚至產生違憲問題。包括國會擴權的《立法院職權行使法》、《憲法訴訟法》及《財政收支劃分法》《法院組織法》等重大爭議法案，都出現爭議。一年之內，以再修正動議突襲通過的法案，早已超過前兩屆八年的總和。

・濫用「不記名舉手表決」逃避政治責任

立委立法草率不當，未必構成違憲。此時，人民的選舉罷免權，就是追究劣質立委政治責任的武器。然而，追究責任的前提在於充分揭露資訊。若表決皆爲不記名，則難以針對個別立委追究粗劣立法的責任。立法院議事規則雖有舉手表決的規定，但爲了落實責任政治原理，自解嚴之後，院會從未在法案審查動用不記名舉手表決。然而本屆立法院爲了強行暴力通過爭議法案，竟動用連國民黨執政時期都不採用的不記名舉手表決，造成立法院議事錄無法記載贊成與反對的立委名單。

・立法院長配合多數黨團運作主持議事

立法院自第九屆起實施院長議事中立化，以尊重少數黨團的不同意見。院長雖然可以繼續保有黨籍，但是必須退出黨團運作，中立主持議事，不可配合所屬政黨議事攻防。但很遺憾的是，自本屆開始，立法院長韓國瑜主持議事完全配合藍白聯盟黨團的要求，好不容易實現的國會議長中立改革，宣告半途而廢。

上述手法，有些是過往多數黨的議事攻防技巧再放大，有些是本屆所新創。共通點是強化壓制與排除少數黨參與法案審查過程。而這些不同的手法，過往會在不同法案審查過程中個別出現，然而本屆卻在許多法案中如組合拳般結合使用。以遭大法官判決違憲的《立法院職權行使法》爲例，就混合採用了「排除少數黨提案併案審查」、「阻礙委員會逐條實質審查」、「濫用再修正動議突襲表決」、「濫用不記名舉手表決逃避政治責任」、「立法院長配合多數黨團運作主持議事」等方式，使少數黨意見完全無法呈現。

這類的「連環拳combo」形式，在本屆立院許多法案的立法過程中反覆出現，原本立院「合議制」的精神越來越稀薄，少數黨表達意見的空間愈來愈緊縮。藍白多數聯盟黨團幹部的個人意見就是最終結果，求同存異變成獨斷獨行。

若壓制、排除少數的議事手法反覆實施，因量變產生質變，原本的議事惡例變成新的議事慣例，未來運用在與國防、外交、國家安全相關的爭議法案，將令人深深憂慮：立法院會不會變成臺灣面對中國侵略野心的阿基里斯腱？

改變歷史、阻止悲劇的關鍵時刻

朝小野大的政治局勢，造成行政與立法摩擦衝突不斷。在其他民主國家，有憲政機制處理行政與立法的對立。例如美國，總統可對國會通過的法案行使否決權，國會須以三分之二絕對多數決，才能否決總統的否決。但臺灣的覆議僅需二分之一多數門檻，幾乎無法發揮任何效用。在法國，當總統與國會歧見過大時，總統可主動解散國會，讓民意決定新國會的組成。但臺灣的總統沒有主動解散國會的權力，若立法院不行使倒閣，總統也無法直接訴求民意。

中華民國憲法及其增修條文，固然有其缺陷。但有缺陷的制度，不代表可以隨便被破壞。面對憲法缺陷造成的憲政僵局，臺灣的公民團體挺身而出，行使憲法明定的罷免權，創造類似解散國會的效果，交由新民意決定新國會的走向，是繼太陽花運動後，又一次公民力量補正憲政缺失的實踐，再次展現集體智慧超越政客獨斷的新公民運動。

民主並非完美的政治制度，相反地，民主有很多問題。但我們無法否認，人類實踐過的政治制度中，我們找不到比「民主」更好的政治制度。民主的生活方式並非無憂無慮，民主無法自然茁壯，必須由生活在民主社會的人們，在享受民主帶來的自由與繁榮的同時，負責任地解決民主實踐中產生的問題，民主制度方能永續。

當前臺灣所面對的問題，已非單純的政黨對立或政策歧異，而是憲政秩序的根本危機。當國會多數自認不受憲法拘束，當立法權可以恣意干預司法、摧毀違憲審查制度、凌駕行政體系，這已逾越「監督制衡」，而是「非武裝政變」。

再次強調，自由民主憲政秩序需要「權力分立制衡」，而非「一權獨大」。對國家忠誠的政黨，不應只計較一時的政治得失，而要捍衛制度長遠的正當性與穩定。歷史一再告訴我們，失控的立法權，是民主最危險的敵人。當年德國的《授權法》，今日香港的《國安法》，皆是以「合法立法」爲名，摧毀分立制衡的法治環境。我們是否還要走上相同的道路？

這是一場對全體臺灣人的考驗。面對立法院的濫權與擴權，我們不該再沉默。我們要制衡的民主，不要自肥的國會。若立法院無法自律，無能糾正自己的錯誤，就讓人民爲臺灣守住最後的憲政防線。

臺灣未來的命運如何？答案由你來決定。

苗博雅

臺灣大學法律系畢業，二〇一四年參與三一八運動，二〇一五年投身政治工作，創立社會民主黨。二〇一八年當選臺北市議員（大安區、文山區），二〇二二年連任。長期從事以司法改革爲核心的社運工作，並關注臺灣主權、國際外交、性別平等、居住正義、長照幼托、人本交通及勞工權益。議員任內推動多項教育改革、淨零碳排及都市更新政策，推動國際城市交流，讓世界認識臺灣的民主自由價值。

中國有「三戰」，臺灣有什麼？
大罷免啟動民主韌性，立法才是最終防線

賴寇蒂

最近，你是否也感覺到什麼不對勁？在捷運站，突然多了戴口罩拿手機對著月臺直播的陌生人，他的口音明顯不是臺灣本地人。在學校門口，有人專門錄下學生上下學的畫面，問他在拍什麼，她或他則支支吾吾說是「分享日常」。在下班的十字路口，開始有人在人行道全程錄影車流交通，社區的小公園，有人專門拍攝老人聊天、小孩玩耍。最詭異的是，這些影片很快出現在小紅書、抖音上，配文往往是「臺灣眞實生活分享」。

一次兩次，你可能覺得是巧合。但當你發現從臺北到高雄，從都市到鄉村，這種「記錄」無所不在時，卽使再遲鈍的人也會察覺：這不是觀光，不是分享，

而是某種系統性的「影像採集」。

壓力測試：中共「三戰」的實戰演練

當二〇二五年初陸配劉振亞（亞亞）公開宣揚「留島不留人」被遣返後，這種街頭「影像採集」不但沒有收斂，反而變本加厲。這不是陰謀論，而是正在發生的現實。當我們還在爭論個別事件時，一場針對臺灣的「結構性壓力測試」早已全面展開。劉振亞（亞亞）事件不是偶發，而是中共「三戰」策略的標準作業。所謂「三戰」——輿論戰、心理戰、法律戰，這「三戰」不是戰時才啟動，而是和平時期就在進行的滲透工程。

・輿論戰的協作網絡

當亞亞事件爆發，有一群學者聯名發表聲明，指稱「臺灣的言論自由空間遭到壓縮」。這些平時在各自領域的學者，爲何會在此時此刻集體爲一個宣揚「留島不留人」的人發聲？

除了學術界，據媒體報導，政界和媒體界也出現不同聲音。有人認爲政府處置過當，有人質疑執法的比例原則，也有人擔憂言論自由受到影響。這種跨界別的聲援現象，形成了特定的輿論氛圍。

・心理戰的多層次滲透

除了學者，還有臺灣國際家庭互助協會、新移民勞動權益促進會、中華人權協會等團體立即響應。律師、教授、NGO、媒體人形成完整的聲援網絡。這不是偶然，而是一場精心設計的「協作者現形記」——通過一個極端案例，讓潛伏的協作網絡浮出水面。

・法律戰的專業掩護

這些聲援者不約而同地使用「比例原則」、「程序正義」、「人權保障」等專業術語，將明顯的國安威脅包裝成人權議題。當學者用學術權威爲「留島不留人」背書時，他們其實在進行一場法律戰——用民主的語言來保護反民主的行爲。

諷刺的是，這些學者、政治人物、名嘴以及社會團體，快速組成的陣勢與站位，反而成爲中共認知作戰成功的最佳證據。當學術界、社運界、媒體、意見領袖、政治人物……都能被動員來爲敵對言論辯護，這證明滲透已經深入臺灣社會的各個層面。

長線布局：二十年的社會工程

亞亞只是冰山一角。眞正可怕的是背後二十年的「結構性工程」。

從馬英九時代開始，多項對中國的寬鬆政策引發的副作用也逐漸出現和發酵——加速陸配入籍、放寬陸生、推動服貿，訴求是經濟交流，但實質造成的結果卻是人口結構調整。這不是陰謀論，而是客觀眞實的數字：目前臺灣約有三十八萬陸配，當特定縣市的陸配人口達到一定比例，投票結構就會產生變化。

・人口與投票結構改變

以二〇二四年底爲例，臺灣大約有三十八萬名陸配，分布在新北、桃園、臺中、高雄等地區特別集中。只要在部分選區達到臨界比例，「搖擺票」即可決定地方選舉勝負。

・政商結構聯動的質變

國民黨長期維護制度缺口，臺商赴中深耕，地方勢力與中國資金緊密捆綁，讓選舉與地方治理「質變」成爲可操控的資源分配戰場。

・外來人口與多元議題的包裝

新住民政策本該是立意良善，鼓勵融合，但也被包裝成「溫情敘事」來稀釋主體政治安全。我們不仇視個別陸配，而是必須看清這個系統性滲透的本質。

法案黑洞：無止境的系統性封殺

面對如此明顯的威脅，你可能會問：政府在做什麼？二〇二五年臺灣人看到了揭曉的答案——原來，當我們的立法院無法將臺灣人的利益放在第一優先時，我們的政府無論想做什麼都很難辦到！

從二〇二三年至今，民進黨立委提出的國安相關修法，全部陷入無止境的阻擋。立委沈伯洋長期關注中國對臺滲透議題，他提出的系列修法包括修正《港澳條例》和《兩岸人民關係條例》，要求政府官員、敏感職位人員赴中必須事先報備，並限制有中國關係背景的人擔任國安相關職務。最重要的是，他希望建立「政治代理人」的監管機制，讓那些替中國發聲、收受利益的個人或團體必須公開身分。然而，這些提案從來沒有一次成功闖關，每次都在程序階段就被藍白聯手杯葛，連實質討論的機會都沒有。

同樣致力於國安立法的立委王定宇，則參考美國的《外國代理人登記法》

（FARA），提出臺灣版的《境外勢力影響透明法》。美國的FARA要求任何爲外國政府工作、進行遊說或宣傳的個人和組織，都必須向司法部登記，並定期申報活動內容和資金來源。王定宇希望臺灣也能建立類似機制，讓收受境外資金進行政治活動的個人或團體無所遁形。可惜的是，這個法案至今仍被無限期擱置在立法院委員會中。

在數位時代，平臺成爲認知作戰的主要戰場。原本規畫的《數位中介服務法》，希望規範包括抖音、小紅書在內的數位平臺，要求它們配合政府移除惡意資訊、標註可疑內容來源，並在必要時提供資料協助調查。這本來是保護數位主權的重要法案，卻在各方壓力下胎死腹中，連進入實質討論的機會都沒有。

最詭異的是，即使現在國民黨多位立委的罷免案已經成案，在面臨罷免壓力下，他們仍然繼續阻擋這些國安法案。這種「寧可被罷免也要擋法案」的異常堅持，讓人不得不懷疑背後是否有更大的壓力？

無法可依的眞相：當守門人變成拆牆者

上述這種「寧可被罷免也要擋法案」的異常堅持，讓公民不得不面對一個極其難堪的眞相：「臺灣的國安困境不是意外，而是被刻意製造和維持的。」

當民衆發現街頭的可疑拍攝者想要報警時，執法單位只能無奈表示：「公共場所，有拍攝自由。」「沒有具體危害行爲，我們也沒辦法。」爲什麼沒辦法？因爲沒有法律依據。爲什麼沒有法律依據？因爲相關法案全被擋在立法院。

這形成了一個完美的惡性循環：「**街頭出現威脅↓民衆要求政府處理↓政府缺乏法律工具↓提出修法↓立法院封殺↓威脅持續存在↓民衆對政府失望。**」每一個環節都在削弱臺灣的防衛能力和社會信任。

從實體的國安法案到數位領域的規範，從人員管制到資金流向監管，每一個能夠強化臺灣防衛的機制，都被系統性的破壞。這已經不是正常的政策辯論或黨派之爭，而是有組織、有計畫的確保臺灣永遠處於「不設防」狀態。更令人不安的是，那些阻擋法案的立委們，明明知道自己可能因此被罷免，卻依然堅持這麼做。當政治人物連自己的政治生命都可以犧牲，也要確保臺灣的防線持續存在漏洞，我們不禁要問：他們到底在爲誰服務？

罷免：清理戰場的必要行動

面對這種結構性的困境，許多人將大罷免行動簡化爲「政黨惡鬥」，這是對民主機制的嚴重誤解。中華民國憲法第十七條明確保障人民的罷免權，這與選舉權同等重要，都是人民主權的具體展現。當民意代表背離選民的付託，當他們的作爲危害國家安全時，人民有權也有責任收回賦予他們的權力。

這些面臨罷免的立委，在競選時承諾要「守護臺灣」，當選後卻系統性的阻擋國安法案，統刪政府預算。他們不是在進行理性的法案審查，而是透過程序杯葛，連實質討論的空間都不給。

美國的《外國代理人登記法》（FARA）已經實施超過八十年。只要你爲外國政府宣傳、遊說或推動相關議題，都必須主動揭露身分、資金來源，不然就會被起訴。澳洲在二〇一八年也立了類似的《反外國干預法》，所有收外國錢的人必須公開、定期申報，違反就等於犯罪。新加坡則連網路社群都管控得很嚴，假帳號、收受外資的組織，只要被查到就直接停權、重罰。

其實這些立法很簡單，就是「透明」與「防範外來勢力」。這些民主國家都理解一個基本道理：民主制度不是自殺契約，不能任由敵對勢力利用民主的開放性來摧毀民主本身。唯獨臺灣，連最基本的防衛性立法都無法通過，因爲立法院裡存在著太多阻擋國家安全法案的力量。

面對中共的威脅，臺灣沒有無限的時間等待。當國安法案被一再拖延、封殺，人民只有被迫選擇罷免這條路。這不是民衆想要的對立，而是在時間壓力下的必要清理行動——清理那些阻礙臺灣自我防衛的力量，讓眞正維護臺灣利益的法案有機會被討論、被通過。罷免，就是爲臺灣的長遠安全爭取最後的機會。

結語：他們有系統，我們有什麼？

從街頭的異常拍攝，到聲援亞亞的系統集體動員；從三十八萬陸配的結構布局，到國安法案的無止境封殺——中共運用的是系統性的「三戰」策略，而臺灣卻只能依靠人民的警覺和奔相走告在支撐。

這是一場不對稱的戰爭，但我們不是沒有武器！

民主韌性就是我們的武器，罷免就是啟動這個武器的第一步。只有清理掉那些不作爲的民代立委，眞正的國安法案才能通過，臺灣才能建立對等的防衛能力。

二〇二五年臺灣大罷免，不只是一次政治事件，更是一場全民的社會防衛戰。我們看見國會的結構缺口，也看見民間的集體警覺——當法律無法守護我們，只有公民的行動才是最後一道防線。這不是一場等著政黨或領袖拯救的戰役，而是每一個人都不能缺席的現場。

當統戰成爲日常，民主韌性就是我們的反擊。每一張罷免票、每一次追問立委的聲音，都是修補國安破口的力量。歷史在此刻轉向，主導權就在我們手中。

中國有三戰，臺灣有什麼？我們有的是兩千三百萬人的民主意志，以及手中神聖的一票。大罷免，是我們的回應。重塑立法院，就是建設人民的國安前線！

賴寇蒂
獨立政治分析作家。長期關注中國對臺滲透與國家安全議題，以跨領域視角解讀政治現場，致力於推動臺灣民主韌性的實踐。

輯二

護臺 公民群像

（「微光 shimmer.tw」臉書粉絲專頁　提供）

【深度採訪報導】

臺灣的關鍵保衛戰

關於「大罷免」行動的過去、現在、未來

張博瑞

一、「大罷免」緣起：

國會濫權逼青鳥上街、三大惡法催生罷免量能

- 「青鳥」上街，反對藍白主導國會擴權法案

二〇二四年二月起，第十一屆立法委員開始就任。一百一十三個席次當中，國民黨（藍）占五十二席、民眾黨（白）占八席，兩黨加起來總數過半，也遠超過執政黨民進黨（綠）的五十一席。同年三月起，國會便在藍白主導之下，

著手「國會改革法案」的討論。其中，《立法院職權行使法》及《刑法》的部分條文修正引發高度爭議。

與此同時，自從國會開始針對討論「國會擴權」法案的討論後，不僅立院內藍綠白三黨吵得不可開交，百餘位法律學者也連署表達不支持立場，更有不少民衆在社群號召上街。這也爲後續的「青鳥行動」蓄積了能量。

到了二〇二四年五月十七日晚間，立法院外的青島東路、鎮江路口開始聚集大批抗議人潮，上千名民衆要求場內停止對國會擴權法案的表決，「退回法案，拒絕黑箱」的口號聲響不絕於耳。

事實上，當天稍早，在立院場內針對《立法院職權行使法》進行逐條討論時，朝野三黨除了唇槍舌戰，更發生肢體衝突，其中民進黨立委沈伯洋、郭國文、邱志偉等人遭國民黨立委推下主席臺，現場混亂，計有四名綠委、一名藍委送醫。

藍白兩黨主導的「國會改革」等一系列法案引發爭議之處在於，普遍咸認爲

《立法院職權行使法》修正案將賦予立法院更大的調查權和質詢權，可能牴觸《憲法》中權力分立的架構，破壞現行民主程序；此外，藍白兩黨要在《刑法》當中增訂「藐視國會罪」，也被外界視爲國會擴權的象徵，更可能危及一般人民的權益。

藍白兩黨於國會的這些舉措，在在引發民衆的擔憂，也催化了上街抗議的量能。在臺灣公民陣線、經濟民主連合、公投護臺灣聯盟等民間團體的協力之下，這場原本由人民自發集結的街頭行動逐漸成形，最終也被冠以「青鳥行動」*之名，於立院審議的日程數度上街表達訴求。

繼五月十七日、二十一日之後，到了五月二十四日，當天立院繼續進行國會職權相關修法，並確定將「挑燈夜戰」。而場外「青鳥行動」則持續號召民衆集結，要求將《立法院職權行使法》、《刑法》藐視國會罪等修法草案退回委員會重審。

*爲迴避社群媒體演算法干擾，不少網友於呼籲上街時將青島東路的「青島」改爲字形相似的「青鳥」，最終便以此爲名。同時，「青鳥」亦隱喻著溫柔、希望、自由等意涵。在街頭運動之後，「青鳥」也成爲代稱，指涉「反對藍白爭議法案的社會運動支持者」，或也逐漸衍伸，泛指抗中愛臺的立場或其支持者。

儘管知道藍白立委將不畏民意，強渡關山，通過爭議法案，但前往青島東路表達抗議的民眾人數，仍在這天達到逾十萬人的高峰，同時也有超過五十個民團一起站出來，表達對藍白兩黨的不滿，也希望能夠透過街頭抗議，對場內的代議士施壓。

然而，在高度爭議之下，《立法院職權行使法》仍在二〇二四年五月二十四日完成修法三讀。

經濟民主連合智庫召集人賴中強曾在當天的記者會表示，雖然最後未能擋下修法，但多虧數日來集結場外的上萬民眾一起「捍衛民主、拒絕中國干政」，否則法案可能在五月十七日表決第一天就通過。賴中強也透露，罷免國民黨立委也將是民團將下來的應對方式之一。自此，「大罷免」的態勢便悄然發酵。

・罷免的火種——傅崐萁及「傅隨組織」與王滬寧見面

「早在青鳥行動之前，傅崐萁四月帶十六名藍委去見王滬寧後，我們身邊政治理念相近的朋友就開始討論怎麼辦了。」北市第三選區罷團「山除薇害」召集人凌一（化名）口中提到的王滬寧，是中國最高統戰機構——中國人民政治協商會議全國委員會的主席，而國民黨立院黨團總召傅崐萁於二〇二四年四月二十六日自稱代表臺灣中央政府，帶十六位黨籍立委與其見面，此舉被外界解讀有被中共「摸頭」的意味。

訪團十七人，占本屆立委藍委席次的三成，名單共有區域立委的王鴻薇、羅明才、張智倫、廖先翔、林沛祥、徐欣瑩、鄭正鈐、邱鎮軍、游顥、陳玉珍、陳雪生，原住民立委黃仁、鄭天財、盧縣一，以及不分區立委翁曉玲、林倩綺，另有前國民黨立委張育美同行。其中更有兩人是可安排委員會議程的召委。這群掌握最多國家機密的現任立委到底到中國說了什麼、做了什麼，無人知曉。

凌一提到，這些立委回國後果不其然隨即提了一系列擴權法案，試圖逐步妨礙政府運作，於是一群朋友就在籌劃是否要上街、該如何阻止「惡法」的通過。凌一苦笑著說：「上街對我們來說不困難、也不陌生，十年前大家都是太陽花（學運）的老戰友了，只是難免有點『PTSD（Post-Traumatic Stress Disorder，創傷後壓力症候群）』，想說國民黨又要賣臺了嗎？」這種自我解嘲的背後，反映著國家前途沒有樂觀的本錢。

無獨有偶，傅崐萁帶領立委團出發去中國的當天，國民黨立委陳永康正巧在立法院舉辦「臺灣地區與大陸地區人民關係條例第二十九條修正草案」及「國家安全戰略法草案」立法公聽會。其中「兩岸人民關係條例第二十九條修正草案」旨在將金馬外島禁限制水域的畫設由國防部改爲海洋委員會主管，且立法要旨提及兩岸內戰尚未結束，此案一出即引起熱議。此外，「國家安全戰略法案」也可能架空總統的國家安全決策權。

民進黨立院黨團幹事長吳思瑤直批，這是國共聯手透過法律戰的協作，要把臺灣禁錮在「內戰」和「內海」的法理框架，最大的目的，就是臺海一旦發生戰事，此法理框架將斬斷國際社會提供的各項奧援與支持。除此之外，連署這兩個草案的立委，不少人是當初的「訪王十七人」：陳玉珍、鄭天財、翁曉玲、游顥、鄭正鈐、廖先翔、王鴻薇、盧縣一等八位立委連署了「兩岸人民關係條例第二十九條修正草案」；而在前述八位立委（除盧縣一）外，再加上陳雪生、黃仁、邱鎮軍、林沛祥、張智倫等共十二人，則連署了「國家安全戰略法草案」*。

據網路媒體《沃草》指出，賴中強示警這兩個法案背後有中國介入，首先中國利用海警船在金門升高緊張情勢，爲陳永康的提案鋪陳。賴還說，去年立委團訪王之後，返臺便連署草案，這之間的關聯很難相信是純屬巧合，沒有中共介入。

・三大惡法加速罷免進度：從「罷傳」到「大罷免」

花蓮罷團「微光花蓮」領銜人李美玲回憶起罷免的開端，是立院通過國會擴權法案後，網紅八炯和一群年輕人在花蓮市區石來運轉廣場響應青鳥行動。「花

*細看立法院議案關係文書，「兩岸人民關係條例第二十九條修正草案」的提案人爲陳永康，全部的連署人則有國民黨籍立委陳玉珍、羅廷瑋、林德福、廖先翔、黃建賓、盧縣一、林思銘、游顥、王鴻薇、翁曉玲、李彥秀、黃健豪、廖偉翔、洪孟楷、鄭天財、鄭正鈐與民眾黨籍立委吳春城，共十七人連署。

「國家安全戰略法草案」的提案人同樣爲陳永康，全部的連署人則有國民黨籍立委陳玉珍、黃健豪、林思銘、鄭天財、鄭正

蓮人不想被傅崐萁代表」——這樣的聲音成爲活動的主旋律，旋即更有人進一步提出「罷免傅崐萁」的想法。

八炯曾說，花蓮選出傅崐萁當立委，禍害花蓮，沒想到竟還去當國民黨立院黨總召，禍害全臺灣，這是身爲花蓮人的他沒辦法接受的。在石來運轉廣場的活動當天，是由許多在地青年串連促成的，他們挺身而出，就是希望讓全國人民知道花蓮也有不同的聲音、也有花蓮人不想要被傅崐萁代表。他們不反對國會改革，但不應該讓一個有經融犯罪前科的人來主導。

不過，根據中央選舉委員會《公職人員選舉罷免法》，雖然公民有罷免民選公職人員的權利，但在被罷免人就職未滿一年，不得對其提出罷免。因此，青鳥行動發生的時間點，距離第十一屆國會上任僅近四個月，所以各地方團體、有罷免想法的公民，也只能蓄積能量，靜待時機。

凌一說，各地罷團的組成有其各自的背景，以罷免王鴻薇的團體「山除薇害」

鈴、翁曉玲、洪孟楷、游顥、李彥秀、魯明哲、羅廷瑋、廖先翔、萬美玲、林德福、楊瓊瓔、邱鎮軍、黃仁、王鴻薇、林沛祥、張智倫、謝龍介、陳雪生、涂權吉、羅智強，以及民衆黨籍立委林國成，共二十五人連署。

爲例，其前身是一個叫「民主補破網」的團隊。該團隊爲抗議國會不肖立委強推惡法、自肥濫權，由臺灣各地公民自主串連發起，後有愈來愈多人在這個平臺表達出罷免意願，各自就以選區聚集，再以LINE社群作爲溝通管道，組織架構逐漸浮現，而「山除薇害」也在去年六月底、七月初定形。

北市第七選區罷團「剷除黑芯」發言人Roger說，團隊約莫於去年六月成形，約有三十位成員，相比現在近五百位夥伴的規模，實在是當時難以想像的發展。

Roger提到，在初期，大部分群眾對於罷免的概念相當模糊，願意投入行動的更是屈指可數。但他們就從研究法規、搜集過去罷免資訊、請教當地議員著手，一步步建立系統，並確保未來的運作一切合法合規。「一切就如摸著石頭過河，也不確定是否能到達彼岸」，他坦言，種種的不確定是草創期最煎熬之處。

「剷除黑芯」從去年七月便透過郵政信箱收提議連署書，但意外的是，雖然他們在社群上有很高的討論度，但實際上收到的提議書卻寥寥可數。在開始提議連署書收件之後的整整五個月時間裡，該團隊只收到三百份連署，與一階提議門檻的三千份相差甚遠。

時間就這樣到了二〇二四年底。在下半年，第十一屆國會的第二個會期，國、眾兩黨再度聯手推動爭議性法案：《選罷法》、《憲法訴訟法》與《財劃法》修正案，同樣引發爭議，甚至被外界稱爲「三大惡法」。作爲應對，公民團體也於十二月十八日、十九日、二十日，一連三天集結「冬季青鳥在臺北」的行動，先後在國民黨中央黨部外圍以及立法院周邊進行抗議。

然而，在十二月二十日，三大法案依舊在未經充分討論的情況下三讀通過。而決議的情況，則類似通過《立法院職權行使法》時的情形：立法院長韓國瑜依國民黨要求，不用表決器、改以舉手表決。

正當罷團苦惱於罷免的舉步維艱，藍白強闖三大惡法的行徑瞬間使各地民意沸騰，「大罷免」態勢也自此明朗。

「在三大惡法通過後，我們在短短六小時收到八百張連署書。」Roger 提及罷免進展的轉捩點，根本是國民黨「自食惡果」。他更直言，推動大罷免進展的完全就是國民黨自己，要是沒有他們毀憲亂政，只靠公民的力量相當困難，也絕非是民進黨可以發起。

到了二〇二五年一月底，國會惡性刪凍中央政府總預算，將民眾怒火的範圍擴大到全國，許多地區在此之後一一衝過罷免提議門檻。

二、汰除不適任立委：罷團劍指藍營票倉、搶攻搖擺市、鬆動地方勢力

・下架三十一位不適任立委　罷團：一開始很難想像

二〇二五年二月一日，第十一屆國會就職滿一週年，也是法定可以對公職人員提起罷免的日子。

本屆泛藍共有三十七席的區域立委（苗栗第一選區立委陳超明以無黨籍當選第十一屆立委，但仍加入國民黨團運作），每位立委都是大罷免預想的對象。其中，罷免連江縣立委陳雪生的團體「馬祖剷雪大隊」雖然收到達標數量的一階連署書，但由於還在進行第二階段意向調查而選擇暫時不送件，而罷免金門縣立委陳玉珍的團體「珍重再見」則僅差七十三件未過門檻而失敗，但除了這兩席泛藍立委以外，其餘三十五席的區域立委都順利通過第一階段連署，成爲各地罷團「下架」的目標。此舉不只顯現其劍指藍營票倉、搶攻選舉搖擺市，

更要藉此鬆動地方勢力。在罷團的努力之下，截至五月底，共有三十一件罷免案完成二階段送件。

回顧整個收集連署書的過程，當各地民間團體開始有進行罷免行動的共識後，便由各選區自主性發起罷免行動，隨著氣勢愈燒愈旺，志工投入也愈來愈多，臺北市罷免王鴻薇的「山除薇害」和罷免徐巧芯的「剷除黑芯」兩罷團甚至各自達到超過五百人的規模。

「青鳥行動之後，我們就三、四個人一起約吃披薩、一邊討論罷免的可能性。」在網路擁有高聲量的醫師，同時也是臺中第四選區罷團「臺中覺醒・展翅廢翔」發言人杜承哲憶起罷團還沒成立之前，儘管各地都有罷免的呼聲，「但其實很難想像罷免是不是真的可能成案。」

・從「搖擺市」看公民力量集結　「意外」的友誼成罷免重要量能

二〇二四年，賴清德總統在得票率未過半的情況下，驚險接棒蔡英文前總統，但民進黨在國會卻掉了十席立委，完全執政的優勢不再，臺灣正式進入朝小野大的政治局面。

其中，被視爲選舉「搖擺市」的臺中市，是各政黨兵家必爭之地、往往也是決定單一政黨能否過半的指標城市。臺中的八個立委席次，在上一屆國會中，綠營搶得六個席次、藍營則勉強守住傳統票倉的第一、第二選區；到了第十一屆則發生翻轉，形成藍六綠二的局面。

「臺中選區很有特色，臺中人總是很勇敢去選擇不同的聲音。」杜承哲分析臺中的選民結構時提到，臺中曾選出當時爲時代力量代表的洪慈庸、前立委陳柏惟當年也是以臺灣基進黨的身分成功突圍，這代表各種勢力在臺中都有出頭的機會。

此次由公民發起的罷免案雖一再被藍營定調爲「藍綠對決」的政治鬥爭，但多數罷團對此說法都不以爲意，認爲罷免所需的意志和量能並非政黨動員可做到的，否則國民黨這個百年大黨針對「雙吳（立委吳思瑤、吳沛憶）」發動的反罷就不會送件失敗，更不會深陷死亡連署、僞造文書的嫌疑之中。

杜承哲就說，罷免案要能成立、順利挺進三階，就是要與各個團體保持相當友好的關係，大家一起匯聚能量才能「成事」。他坦言，「這其實是一段交朋友的過程，而這段時間我們確實也牽起一些『意外』的友誼。」

杜承哲口中「意外」的友誼，是聲稱自己爲正藍軍的「中華保臺反共復國黨」。

爲了壯大罷免的聲勢，集結相同志向的各方人馬是再正常不過的事。不過杜承哲某天接受到友人一個預料之外的牽線。「對方據說有點年紀、說自己是正藍軍，但非常支持大罷免的理念，想要幫忙。」杜承哲回憶，當時自己的確保有一點戒心，但仍說服自己不能在第一時間就持否定立場，於是與對方深聊，之後發現，他們這群人有不低的比例曾在國民黨工作，一直以來堅信的價值就是「反攻大陸」，但近年在他們內部的群組卻不斷出現歌頌中國、貶低臺灣的短影音內容，他們不禁覺得「怪怪的」，而近年藍委推動的各式親中法案也讓他們無法理解，進而決定與罷團站在一起。

「我們的目標一致，就是要下架親共立委。」杜承哲直言，來自完全不同背景、政治立場的人願意站在一起，是一件很特別的事情。

據三立新聞報導，復國黨主席程凱力曾在受訪時表示，國民黨明明最該反共，現在卻已染紅成中共同路人，正藍軍無法接受藍委在立法院舔共，卻毫無反抗之意。程凱力強調，罷免關乎臺灣人民的生命財產安全，並呼籲國民黨基層支持者要覺醒，不要盲目支持已經變調的國民黨，「民國派、臺派要團結一致，共同反共保臺。」

就當這群正藍軍選擇站出來、跟著罷團宣講，自居爲藍營支持者的批評也隨著而來，這些批評包含謾罵以及恣意貼上「叛徒」、「政治變色龍」的惡名。

然而面對裡外不是人的窘境，他們仍選擇挺身罷免。

・七連霸立委、藍營鐵票倉逐漸鏽蝕？北市罷團連署書衝出高達成率

除了有正藍軍選擇與罷團成爲盟友，此次罷免行動也看到不少藍營鐵票倉已鏽蝕、逐步被公民力量瓦解。

北市第八選區的代表人物賴士葆，在一九九六年曾任第三屆國民大會代表，且自一九九八年當選立法委員後就從未失利，連任七屆；他的選區就是藍營鐵票倉。但儘管賴的在地政治能量綿密、宛若銅牆難以攻破，此次罷賴團體「文山退葆」卻交出比二階門檻多出逾萬份的亮眼成績。

攤開北市第八選區歷屆的選舉結果，從總統、市長到立委的各級選戰，國民黨、親民黨，及新黨等泛藍陣營都曾拔得頭籌，長期來看國民黨更是獲得壓倒性的支持，始終沒有其他力量能夠攻破文山、南中正選區。甚至在蔡英文第二任期獲得逾八百一十七萬的破紀錄高票時，在此區仍以近二%的得票率惜敗對

手韓國瑜，成功突圍鐵票倉的難度可以想見。

「我們跟北市其他區不太一樣，比較難靠空戰。」北市第八選區罷團「文山退葆」發言人 Pat 坦言文山選區的選民結構多爲軍警教，普遍政治立場偏藍，且年紀稍長，空戰難攻；又因爲生活習慣使然，多數民衆都時常待在家中不出門。受限於該地區並沒有像大安、中山選區有自然人流量大的地方，因此一步一腳印的陸戰部隊成爲他們的主戰力。

勤跑基層、到處宣講，「文山退葆」的策略看似土法煉鋼，但以該選區而言確實是對症下藥。Pat 分享，小蜜蜂志工一開始到各個市場宣講，的確蠻常遇到不友善的對待，甚至有關於人身威脅的叫囂，但在他們努力不懈之下，駐足於他們身旁、願意聽「何謂罷免」的人開始變多，也愈來愈多人會「偷偷地」、「小聲地」幫他們加油，更有拿著國民黨證的民衆表態支持。

在傳統藍營選區，大家的政治表態顯得有些小心翼翼。Pat 說，團隊曾經在眷村周邊收到不少的連署書，但這一張張連署書卻是得來不易，該區屬於罷團平常難以接觸的區域，路上也沒什麼行人走動，殊不知，那日罷團夥伴進入該區後，就有不少居民從一棟棟社區高樓走下來，神情緊張、精準快速地將簽好的連署書塞給志工夥伴，之後就快步離開了。

這些居民交付的不只是連署書，更是他們在深思熟慮後，決定「鋌而走險」的勇氣。

Pat說，文山、南中正的收件量一直都不是太樂觀，後來能夠突破安全門檻、最後送出逾三萬四千份連署書，除了是志工夥伴的堅毅心態，更是居民超脫政黨思考，想要下架不適任立委的決心。

除了賴士葆是藍營七連霸的立委，北市第三選區、第八選區的立委王鴻薇和徐巧芯也分別是藍營中生代的代表人物。兩位都出身基層議員，善於空戰操作，一直都是話題人物。然而儘管各自選區的選民結構可說「得天獨厚」，此次也難以倖免，兩邊的罷團分別交出達成率一六五％及一七五％的連署件數，位列前茅。

Roger提到，藍營支持者對於政治人物的期待是嚴謹、有格調，並受人尊敬的，然而區域立委徐巧芯卻完全不符他們的期待。對於守護中華民國，抵抗中共侵略的立場，藍營立委也是愈來愈站不住腳，不僅大舉向中共朝聖，也有愈來愈多的事實可證，他們就是在弱化中華民國的體質，這讓許多正藍軍看不下去。

臺北市雖爲傳統藍營票倉，但卻別有幾項優勢：人口密集、交通方便、民衆相對溫和有禮、地方政府相對不敢逾越法治、地方勢力的影響力亦相對不顯著，因此，被罷的五席藍委皆順利衝破達成率一三〇％的安全門檻。

・地方派系何以撼動？被全臺支持者撐起的地方罷團

除了傳統藍營票倉、難以預測的搖擺市，提到臺灣政治，盤根錯節、扎根雄厚的地方派系絕對是無法忽視的一股強大力量。然而，此次地方派系背景深厚的臺中第二選區顏家、雲林張家、中和張智倫及新店萬年立委羅明才，也紛紛在這次罷免行動中陷入苦戰。

「每次爲了曝光去上臺北的政論節目，大家都會特別跟我說加油。」臺中第二選區罷團「中二解顏」發言人宣宏字句鏗鏘，卻不難發現他穩定語氣中的感動。

宣宏直言，中二其實就是一個指標選區，顏家的全國知名度可能是地方派系中最高的，所以大家也會有「中二成功，大罷免就成功」的期待，因此「中二解顏」團隊志工都有肩負重任的自覺。

該團隊其實從第二階段開始就以傳統的選戰模式在應對——掃街、挨家挨戶收連署書都是他們的日常，背後支撐著他們的，更是不想失敗的毅力。但是，自從罷免行動開始，中二選區來自地方勢力明著、暗裡的阻礙就不斷出現，有鄰長直接坐在連署據點嗆聲：「我看誰敢來簽？」也有里長一路跟著小蜜蜂志工，試圖影響罷免團隊的陸戰。

中二選區凝聚了來自全臺的注視，儘管面臨重重挑戰，但陸戰部隊一刻也不敢鬆懈。宣宏說，每一個人對他的打氣，其實就是給中二選區所有人的勇氣，也讓他們知道，面對實力雄厚的顏家，他們並非孤身一人，身後有的是來自全臺支持者的溫暖和能量。

（「臺中覺醒．展翅靡翔」臉書粉絲專頁　提供）

三、「國中之國」不願再沉默——苗栗不缺席、花蓮見微光

花蓮縣和苗栗縣因國民黨長期執政，政治能量難擺脫地方派系把持，過往曾有不少嘲諷其「自成一國」的說法，前者有「花蓮王」傅崐萁打造的「傅氏王朝」；後者則被戲稱為「苗栗國」。不過此次罷免行動，「兩國」並未缺席，花蓮二階送件達成率更高達一六九％，為全國最高。而苗栗兩區雖然皆以失敗告終，但仍展現其為民主拚鬥的決心。

花蓮、苗栗兩地的地方勢力盤根錯節，地方人士對於各鄉鎮的家庭概況極為熟悉，擔心被「查水表」的寒蟬效應可以想見。但兩地民眾此次不願再保持沉默，許多人仍透過化名、喬裝響應罷免，甚至有人是投入非自己家鄉的志工行動。

・罷傅的契機——「我是花蓮人，我沒有投給傅崐萁。」

「罷免傅崐萁只有一次機會。」短短一句話承載著的不只是花蓮人的期待，

更有深深的恐懼。

李美玲回憶起罷免初期，花蓮內部其實有許多想法，甚至有一派責怪的聲音，認爲罷免傅崐萁只有一次機會，不該貿然行動，否則一旦失敗，「傅氏王朝」恐將再延續二十年。甚至一開始，這群喊出罷傅的年輕人始終神秘，沒有人知道他們是誰，或有誰能聯繫到他們。但無論是什麼樣的聲音，都反映出了大家對傅崐萁在花蓮無作爲的不滿情緒。

「我是花蓮人，我沒有投給傅崐萁。」李美玲將時序拉回青鳥行動，當時自己外縣市的朋友不斷傳訊告訴她說：「你知道現在我們花蓮人在外面都被『欺負』嗎？」

朋友口中的「欺負」是指，自國會濫權、傅隨組織會見王滬寧等事情發生後，許多人都很疑惑，甚至責怪花蓮人爲什麼選出傅崐萁，而且還是一直選、一直選，讓他做出禍害臺灣的事。「可是我就一個歐巴桑，我能做什麼？」在朋友的鼓勵、勸進下，李美玲北上聲援青鳥行動，更想爲花蓮人發聲。

於是，「我是花蓮人，我沒有投給傅崐萁。」這句話開始在青島東路周邊不斷被提及。

李美玲說，當她開始在現場喊著這句言簡意賅的口號後，身邊有來愈多花蓮人靠近，紛紛表明自己的身分，更有人說，在過去很長一段時間都不敢對外揭露自己來自花蓮，因爲怕因此招致「投給傅崐萁」的罵名。於是，李美玲早在罷免行動的概念成形以前，就確立了堅定的想法：要讓大家知道，花蓮不是只有一種聲音。

‧神祕的罷傅組織和一群焦慮的「歐巴桑」

「我們花了一段時間去找他們。」李美玲笑說，她周遭就是一群憂國憂民又焦慮的歐巴桑，當「罷免傅崐萁」的口號在青鳥行動被喊出來後，她們就急切地想要聯繫上當初那群在花蓮市區石來運轉廣場提出罷免想法的年輕人、希望透過自身力量盡點力氣，但由於對方一直很隱藏自己的身分，無論透過各種方式也聯繫不上他們。直到有天，對方終於找上門，還和李美玲說：「請阿姨們先稍安勿躁。」因爲罷免是長期抗戰，自會有合作的時間。

罷免傅崐萁團體「微光花蓮」再次找上李美玲，已是今年一月的事，當時團隊成員因彼此原住民身分，或因保護家庭、不便露面等緣故而無法成爲領銜人，正在發愁。於是他們將目光投向這位半年前曾經積極和他們聯絡過的「歐巴桑」。李美玲解釋道：「他們找我，是因爲我沒有政治色彩，也沒有要紅，就是一個路邊歐巴桑。」她說，自己剛從社區協會理事長位置退下，不靠縣府工作資金生活，所以沒有包袱。

由於花蓮在地的政治局勢，致使許多人爲了保護自己和家人，讓罷免領銜人一度難產，除此之外，李美玲也提到，當時地方上的氛圍並不看好罷免能成功，甚至許多人是在觀望一階段能有多少聲量，再決定是否要站出來。「沒有人想當戰犯啊，這是一場很有可能會輸的戰局。」李美玲直言，領銜人找上她的原因是因爲大家多少會恐懼，而自己「神經大條」，所以顧慮並不多。

就在連署行動如火如荼進行時，果不其然有些髒水開始不分青紅皂白地往李美玲身上潑。一開始先有網路節目爆料，李美玲負責的兩個社區發展協會近年獲得各部會補助，加總近千萬元，隨後國民黨立院黨團便大動作舉辦記者會，批李美玲「A錢」。

「我睡一覺起來就好了，不會往心裡去。」李美玲除了無奈解釋自己早已卸下理事長位置，豁達的心理素質也讓人敬佩。

因爲一開始不被地方看好，花蓮的一階提案顯得格外辛苦，恐懼的氛圍籠罩在這個地廣人稀、人口老化的城市，於是一開始「微光花蓮」非常依賴空戰的聲量。但空戰打到一個程度，把該催出來的票催出來後，陸戰仍然往二階前進的重要戰場。

講起初期的不順利，李美玲感性地說，自己非常感謝那些在第一階段就勇敢站出來的人，因爲那是正處逆風的態勢，「就很像路邊有奇怪的人請你幫忙，而這群人也願意幫忙。」

・面對惡意攻擊與「格式錯誤」的亂流，花蓮罷團愈挫愈勇

確定挺進第二階段後，罷團的兩大課題，是讓花蓮人知道罷免是現在進行式，以及消弭根深柢固的恐懼。

「我家有人在縣政府上班」、「我是開店的」、「我是做工程的、不方便」，這種聲音是花蓮在地人面臨的現實。「查水表」的恐懼遍布各種背景的花蓮人，足見傅崐萁的地方勢力有多大。於是李美玲和罷團志工花了很大的力氣安撫，破解民衆的擔心。

另外，由於花蓮幅員廣闊，陸戰的進行並不如都會區方便。「有東華的學生分享，他們走了八小時，卻只收到兩張連署書。」李美玲開玩笑說，聽到時眞

的是要哭出來，這兩位學生卻認爲，只有兩張也很珍貴。

這段過程中來自敵對勢力的攻擊當然沒有少。有人開車衝撞罷團，有不知名人士對志工咆哮，甚至還有志工被攻擊、遭婦人騎車壓傷腳趾頭。另外，當地媒體也長期被傳崐萁收買，關於正在進行的罷免好像在當地不存在似的，很難在地方媒體看到相關資訊。然而，以上種種困境並未消滅花蓮人罷傅的決心，甚至讓這股意志愈燒愈旺，花蓮罷免態勢看似露出「微光」。

然而，在順風的態勢之下，竟有亂流出現。今年四月十日下午，就在罷免連署書已累計達九成送件數之際，「微光花蓮」發現有約四千份連署書格式錯誤，只能緊急號召民衆重簽。

「那是我人生中最痛苦的十天，每天頭都好像被卡車輾過。」李美玲憶起這場惡夢可說是苦不堪言。考量到整理、造冊等行政作業仍須耗時，罷團盼在十日內補足這四千份連署書。

最終，透過鋪天蓋地的社群分享、媒體報導，自從罷團內部查出有錯誤格式後，支持者回簽的狀況非常踴躍，那幾天每天平均可收到兩千份連署書，是先前的一倍之多，有人是首簽，也有民衆重簽。雖然猝不及防的意外讓堅持許久的公民團體及社會各界擔心努力打水漂，不過危機最終迎刃而解，「微光花蓮」風光交出逾三萬兩千萬份連署書，達成率高達一六九％，全國排名僅次罷免徐巧芯的北市第七選區。

．知道難達標仍不願錯過這班民主列車——想撕去「苗栗國」標籤的願望

「我知道非常難，但我更怕苗栗跟不上這次的民主列車。」罷團「苗栗國罷免連線」領銜人Ami坦言這場罷免行動並非易事，但爲了讓苗栗有機會褪去「苗栗國」臭名，許多志工不畏地方勢力挺身而出。

Ami直言，苗栗的狀況比花蓮艱困，因爲蕭美琴副總統在當年好歹也翻轉過藍天、當選過花蓮區域立委，但在苗栗，他們要面對的是團結的國民黨、從

末政黨輪替的深藍鐵板。

「每次阿婆來家裡，我都要把媽媽（志工）的背心藏起來。」一位志工的六歲女兒曾這樣和 Ami 說。女孩超齡的童言童語不只讓人心疼，更讓人感受苗栗罷團的不容易。這位志工曾說：「如果被家裡人發現，我就沒有娘家可以回了。」這在苗栗並非個案，而是常態。

由於多數人都出自深藍家庭，長輩對討論政治的接受度與開放度都較低，於是這邊的罷團志工普遍出現一個弔詭的現象——不在自己所居住的鄉鎮擔任志工。苗栗市人跑去竹南，甚至是苑裡或銅鑼，出生銅鑼的志工就自願去後龍，這與全臺其他罷團志工多是「就近」服務，有顯著的差異，也顯示此區的罷團志工承受的家庭壓力，有多麼難以言喻。

Ami 提到，苗栗的交通運輸並不發達，這些志工若不是搭火車，就是要自己騎車、開車，這由南至北、從北到南的路程並不短，可是這些志工寧願讓自己辛苦一點，也要爲罷免出力。

儘管有許多志工挺身而出，苗栗當地的產業常態也時常讓志工在路上「找不到」苗栗人。Ami 解釋，苗栗的服務業偏少，當地以製造業及公務人員爲大宗，也有一群科技業的外來人口，前兩者除了會擔心自己的簽署影響到家人外，其作息就是朝九晚五，下班就得回家煮飯、帶小孩，眞的很難在路上尋覓到人影。

「（臺北捷運）中山站出來的十字路口一小時累積的人流，可能就跟我們造橋鄉的總人口差不多了。」Ami 曾北上與北市的罷團合作、找尋北漂的苗栗人，不過她也因此感受到人流的差異是多麼讓人無力。然而，她與志工夥伴仍不氣餒，一次北上能收到的連署書雖然有限，但他們更要讓大家看到苗栗的困境，好讓聲勢有機會被拉抬。

「我們不要放棄，我們一定要讓大家看到苗栗是有在改變的。」這是 Ami 選擇站出來的初衷，也是她一直鼓勵團隊夥伴的一句話。最終，苗栗罷團已盡人事，雖然最後送件沒能成功，但他們要透過這次的罷免行動告訴全臺灣：苗栗也很努力。

苗栗罷團志工得要面對赤裸裸的惡意：砸車，或有車開到連署站前讓輪胎空轉，或有志工誤入立委邱鎮軍地盤，被當面嗆聲：「我要來看是誰要罷免我。」在這樣艱困的環境下，「苗栗國罷免連線」最多曾有超過一百五十位志工。他們不顧一切站出來，就是希望有一天「苗栗國」的標籤能被撕掉。

「我們自己喊『苗栗國』其實也很難過。我們並不覺得『苗栗國』是多光榮的一件事。」Ami 無奈的一句話道出許多苗栗人內心的掙扎與仍未放棄的期待。

此次罷免的奮力拼搏，就是他們要以行動宣示：苗栗也是民主列車的一節車廂，未曾脫鉤。雖然這段路途比較艱難，需要花費比較久的時間，但他們並未缺席。苗栗，無疑也是屬於臺灣隊的一員。

四、目睹父親對志工夥伴叫囂：我的反抗源自你的決定

・丟工作、目睹家人到連署站點鬧事……罷團志工的心力交瘁

「當我在家裡附近的站點收連署書，聽到攤位外出現一個熟悉的聲音——我爸在和我們的志工吵架。」北市第三選區罷團「山除薇害」核心志工伊碇罷憶起這段在整個行動中讓他頭皮發麻、不能忘懷的插曲。

伊碇罷是最早加入「山除薇害」的一批志工，由於家人政治立場長期偏藍，爲了不造成衝突，他對於自己投身罷團志工行列一事始終保持低調，也正是如此，當天站在連署帳篷外對志工咆哮的老先生應該沒有想過，自己口中「你們很丟臉」的攻擊，竟然是打向日夜同住在一個屋簷下的兒子。

「我當下真的腦筋一片空白，但也只能請身邊的志工去跟『他』講這邊有警察，請他不要鬧事。」伊碇罷說，當下的自己心臟漏了一拍，慌張到沒辦法思考，一方面他覺得應該要保護志工夥伴的安全，另一方面又會想說，是不是應該維

護自己爸爸、讓他不受罵？這樣的矛盾和拉扯每天都在他心中上演，最後他澈底崩潰了。

「我打給我的好朋友，說我撐不下去了，說完就開始大哭特哭。」伊碇罷不是沒有喪志過，不過再堅強的鋼鐵心也會被成天的謾罵、否定而瓦解，如此髒水若是來自外人或許還可以不放在心上，但這般不堪的言語卻是出自自己每天要看到的父親，這樣的沮喪令人無力。

爲了讓爸爸不要再去傷害罷團志工，伊碇罷選擇用自己的方式面對。不過，當他鼓起勇氣和爸爸提及這件事，一連串的攻擊卻隨卽而來：「你該不會就是那些爛鳥，你會讓家族蒙羞，很丟臉。」話題最後結束在無效溝通，他只能草草作結、離開戰場。

伊碇罷在參與罷免行動期間不只要處理家庭關係的「內憂」，更要迎戰來自敵對的「外患」，甚至還因此丟了工作。

在罷免連署期間，伊碇罷開始被老闆莫名刁難。在諸多不合理的工作要求後，他選擇提出離職。他開門見山說道：「我知道你在找我碴。」老闆曾看到他手機裡罷團群組的照片，早發現他是罷團的一員。不過他的正面攻勢，沒有造成老闆一絲緊張或愧疚，甚至有點理所當然預想過這個場景似地，一派輕鬆回道：「你那麼聰明的人爲什麼要去做罷免？」

「我的心情始終是複雜的，明明在做一件自己覺得是對的事情，但卻又不知道怎麼去面對。」伊碇罷講出的不只是自己的無奈，更代表了上千、上萬志工的無奈心聲。

北市第七選區罷團「剷除黑芯」發言人 Roger 說自己投過兩次馬英九，是從小就在深藍家庭長大的「那種」臺北人，甚至有一半以上家人的身分認同是中國人。他自己則是在二〇一四年太陽花學運「覺醒」的。

雖然家人對 Roger 參與罷免並沒有太大程度的指責，只希望他將重心放在事業上，但他不免有些力不從心。

「我是矛盾的，這種矛盾在於，這段時間其實對家人很過意不去，因爲我犧牲了很多陪伴他們的時間去參與志工活動，但我又會想到今天站出來的原因就是因爲他們（家人）做的選擇。」Roger 的自白讓人心疼又無奈。

「我現在有自己的家人，我有老婆、小孩，所以爲了保護他們，我不得不去做（罷免）；我當然也想保護家裡的長輩，但他們又沒辦法理解。」如同 Roger 一般的罷團志工不在少數。他們天天在外宣講、說服民眾簽下連署書，但家人卻是他們的軟肋、最難以觸碰的那塊。儘管如此，他們還是日以繼夜，犧牲自己休息、娛樂的時間要做「大罷免、大成功」戰場的先鋒。

能讓這些志工一直堅持下去的理由有很多，但他們的共同目標很明確——守護我們的家園、下架不適任立委。

‧想紅還是想蹭？網紅投身罷免，一切都是「歡喜做、甘願受」？

這場罷免行動雖然以素人爲基礎，卻也有不少網紅挺身而出。而這些本就有一定聲量的ＫＯＬ，也免不了因表態而受到支持者的反感。若要說被攻擊得最嚴重的箭靶，不能不提臺中第四選區罷團「臺中覺醒‧展翅廢翔」發言人杜承哲。

在臉書有超過十萬追蹤者的杜承哲是臺中澄清醫院現任胸腔外科主治醫師。最早，杜承哲只是在臉書分享醫療、手術的衛教，直到二〇二〇至二〇二一年間，時任臺中市第二選區立委陳柏惟面臨罷免危機，他才驚覺，「如果自己現在什麼都不做、也不發聲，最後臺中眞的失去了３Ｑ（陳柏惟的暱稱），我一定會後悔。」於是他開始寫文章，一篇接著一篇，儘管陳柏惟最後以近三個百分點在罷免案吞下敗仗，杜承哲仍積極在網路上針貶時事至今。

隨著發布在臉書的文章愈來愈多，杜承哲在網路的聲量也水漲船高，伴隨而來的當然是與其立場不一的攻擊。而在此次罷免行動，杜承哲也算是最早投入的一批志工，自帶流量的他當然是空戰主力之一，可是「爛鳥」、「綠營側翼」等標籤也在他身上無限繁殖。來自外部的攻擊可以預期，但來自內部的不同意見、不同聲音，可能才是讓人感到更無力的。

「一開始當然很難接受，畢竟大家的有相同的目標，那爲什麼會有一些比較大的誤解或無法接受的事？」杜承哲坦言，自己花了一段時間消化來自罷團內部的質疑，也請教了不少民主路上的前輩，後來他也茅塞頓開，「這就是公民運動啊。」

杜承哲解釋，公民運動既不營利，也不像是成立一間公司，有明確的管理、升遷制度，公民團體裡並不會有主管、人資這樣的角色，沒有誰可以拍板定案，所有的決定都是透過反覆討論、說服彼此之後所得出，儘管可能最後有拆夥的狀況發生，也都是再正常不過。一言以蔽之，「兄弟登山各自努力」可解釋公民運動在共通目標之下的多元聲音。

另外，網路上反對罷免的陣營內，也有鋪天蓋地的聲音認爲，包含他在內的許多ＫＯＬ、網紅在此次罷免出力，都是爲了蹭點，爲自己之後的選舉鋪路。對此，杜承哲無奈地說，自己的本業是醫學領域，從未有選舉的目標；但他也不會停止對社會議題發聲，因爲他永遠覺得自己做得還不夠，「希望透過己力能幫助到更多那些我們所愛的人，和我們素未謀面的人。」

至於罷團總被反罷免支持者抨擊是「吃飽閒閒」，杜承哲則打趣說，還眞希望大罷免結束後自己眞能「吃飽閒閒」、不用再爲社會亂象而憂國憂民。

除了杜承哲以空戰論述、陸戰宣講作爲此次罷免行動「流量變現」的方式，這次大罷免也有其他不同類型的網紅透過自己的方式爲行動助力。

「我的角色就是他們（罷團）叫我做什麼，我就去做什麼。」基隆罷團「基隆絕沛」志工、臉書有近八萬粉絲的網紅皮筋兒很坦率地說。

皮筋兒並不認爲，自己在網路擁有一定聲量，就應該只打空戰，所以她出攤幫忙收連署書、站在路口宣講，跟著小蜜蜂志工在街道「拉票」，只要哪個位置需要她，她就會卽時補上。儘管如此，還是有不少閒言閒語跟著她，說她是花瓶、只會站在鏡頭前作秀，也有人說她只是來蹭一波流量、不是眞的在乎罷免行動。

「其實就是歡喜做、甘願受啦。」皮筋兒說，從政治表態以後，批評沒有少過，但自己若沒有辦法安定身心，反而因爲他人的閒言閒語而懷疑自己，這才是不值得的。她也提醒，從事公民運動一定要量力而爲，覺得累就休息，不要擔心自己做得不夠多、不夠好，任何戰略位置都沒有非誰不可，所有人的力量都同等強大。而這，也是公民團體的可貴之處。

爲了讓罷免議題擴散到更多群體，許多網紅也自主串聯起一個溝通的管道，只要是罷團有需求，他們就會彼此通知、協調，除了皮筋兒外，以音樂內容走紅的徐小花，還有以變裝皇后身分爲人所知的女神下午茶，都在此次罷免出了不少力。

徐小花和女神下午茶都坦言，自從投身罷免行動，自己的社群不乏出現羞辱、攻擊，甚至是恐嚇的言論，也有已經敲好的通告，在政治表態後不了了之。可儘管如此吃力不討好，他們還是認爲，罷免議題若能以更多元的形式，觸及到更多受衆，那他們承受這點壓力也不算什麼。

女神下午茶善於模仿變裝、拍影片，所以他拍攝多支短片，變裝成政治人物，將其爭議事件重現；陸戰部分，他也在罷團週末的宣講活動演出。他說自己在現場比較像是啦啦隊的角色，在衆多政治宣講之間，也讓活動有較爲活潑、熱絡的喘息空間。徐小花則除了在空戰做圖卡論述，也參與陸戰，收連署書，更與閩南狼合作完成〈多山的小島〉這首要獻給大罷免的歌。

「如果我必須死一千次，我只願死在那裡；如果我必須生一千次，我只願生在那裡；我那小小多山的國家。」〈多山的小島〉引用鄭南榕改編自詩人聶魯達詩句的一段話。

徐小花說，大家在錄到這段歌詞時都哭了。他們也深深相信，能透夠音樂的力量，讓更多人對大罷免有所共鳴、願意站出來，「相信一張又一張的決心（連署書），也能堆積成一座又一座山。」

・透過罷免延續政治生命？林志潔：愈想選舉愈應該與罷免劃清界線

除了被質疑是想紅、想蹭，另一派對罷團志工貼上的標籤就是——「想選」。

「新竹雙罷」發言人、同時也是國立陽明交通大學科技法律學院特聘教授的林志潔，曾在二〇二三年受民進黨徵召，競選第十一屆新竹市立委。如今，她成了反罷人士鎖定的頭號目標。

經中選會公告，新竹市通過二階的罷免案，不只要罷免立委鄭正鈴，更要罷免目前已被暫停市長職務的高虹安。後者因涉嫌貪汙，經法院一審判處七年四個月，目前正上訴二審。

新竹市此區不只開出罷免「雙蛋黃」，更是民進黨立院黨團總召柯建銘的本命區，有「不能輸」的壓力。但竹市的態勢始終撲朔迷離，因爲此區也是目前仍被羈押的臺北市前市長柯文哲的故鄉，過去有民眾黨票倉之稱。再加上選民結構長期藍大於綠，現任的鄭正鈐曾任五屆議員、兩屆立委，基層量能雄厚，故使得此次竹市的罷免案更顯複雜，難以預料。

去年此區的立委選舉，面對林志潔、柯文哲的妹妹柯美蘭、時代力量前立委邱顯智等人皆參選的戰況，鄭正鈐則以逾三五％的得票率驚險連任。但他的得票數，仍勝過林志潔近九千票。於是，在罷免行動初期，就有人開始嗆聲是民進黨或林志潔「輸不起」。

「沒錯啊，我選完的時候超生氣的，因爲我很清楚鄭正鈐長期無作爲、是很糟的民代。」林志潔大方坦言，自己競選的起步較晚，多數新竹人可能對自己不是那麼熟悉，所以最後以些微差距落敗。但她深知，自己當立委絕對可以比鄭正鈴爲這座城市做得更多、更好。

但對於有人質疑竹市罷免行動，就是由民進黨因輸不起而一手主導的，林志潔也還原了自去年起罷團的整體進程。她說，其實在去年五月青鳥活動後，地方民團就開始找她商討罷免的合作，但無奈自己當時的服務處據點租約也快到期，並不適合收連署書。再加上，她只是學者被徵召參選，本身沒有什麼政治資源，遂只是先提供民團法律相關諮詢，到了九月，隨即是大學開學，她便忙於教學工作。對於罷免的支援，是一直等到今年初，自己的服務處狀況相對穩定了，才答應民團幫忙代收連署書。

「罷團並不是在他（鄭正鈴）一上任就說要罷免，而是觀察一年後才『反桌』（píng-toh）。因爲給了他一年的時間，甚至他是第二任了，但他眞的做得超爛的啊。」林志潔解釋，鄭正鈴在國會的表現完全是聽命於敵對勢力，即中國，而在地方，他的金錢往來也頗爲複雜。林志潔還說，高虹安上任後每天上法院、胡亂擺拍，後來民衆黨籍的代理市長邱臣遠也一年出國七遍，沒有作爲，這些都是民團看不下去、決定罷免的原因。對她而言，儘管選後有氣憤、氣餒，但罷免絕對不是輸不起，而有正當理由。

就在林志潔選擇與民團站在一起，全力支援罷免行動時，竟有不少支持者勸她爲了下次選舉，最好不要管事、當個「不沾鍋」。只因新竹市的第三勢力遠比其他選區有影響力，無論任何選舉，中間選民的動向都極爲關鍵，所以若要拉攏中間選民好感，淡化「藍綠惡鬥」形象就是必要的。少觸碰罷免議題、不要得罪中間選民，反而能替政治生命蓄能。

「竹市罷免若要闖關成功，要有約八萬八千張同意票。我上次拿了近八萬四千票，我是那個最接近門檻的人，我沒有當『不沾鍋』的空間，不可以這樣。」林志潔回應起這個提問特別鏗鏘有力，眼神中毫無猶豫，而滿是具有力量的誠懇。

林志潔說，若當時投她的人都願意站出來，那麼再加上四千票，不適任的市長和立委就能夠下臺。對她來說，要爲公共服務，那凡事就不能只想到自己；也因爲自己心裡從未在想下次選舉，所以沒有那麼多算計。她也提到，自己在專業上已有很好的成就，無論在金融科技還是法律領域，要貢獻社會有很多辦法，參與罷免只是在做自己覺得對的事。

「何況這些人講這種話也是『後見之明』，那是因爲現在許多選區都挺進三階投票，他們就把罷免講得好像觸手可及、說我出來只是想『割韭菜』；拜託，罷免超級無敵累，一心想著選舉的人只會跟罷免保持距離。」面對這些閒言閒語，林志潔只冷冷地認爲，他們把「罷免進入三階」想得太容易了。

五、集體的恐懼——害怕被「秋後算帳」，連署人資安怎麼保護？

・不敢留下連署紀錄是源自根深柢固的恐懼

「你們要加油挺過二階，三階我一定出來投票。」這是各區罷團經常聽到的一句話。

這句話並不代表這些民眾不想參與罷免，又或著只想搭順風車；而是他們怕被留下紀錄。就在基層有如此擔憂之際，基隆市政府民政處長張淵翔被爆出涉嫌非法利用戶政系統個資、協助罷免綠營議員連署。儘管張淵翔後續請辭獲准，市長謝國樑也鞠躬致歉，但也讓更多民眾擔憂，要妥善保護隱密的個人資訊。

臺中第四選區罷團「臺中覺醒・展翅廢翔」發言人杜承哲解釋，許多選區因地方勢力綿密，若要白紙黑字簽下連署書，對民眾來說容易產生寒蟬效應。以臺中市第二、第三選區爲例，當地的里長、鄰長基本上都很清楚各家各戶的人口組成，甚至小孩離開家鄉去哪讀書、在哪工作，都掌握得很透澈，這些民衆若是想表達與在地勢力不同的立場，就會擔心被做記號。這是一種很傳統且根深柢固的恐懼，在苗栗、南投，這種情形尤其嚴重。

苗栗罷團「苗栗國罷免連線」領銜人Ami提到，爲了保護連署人的資料，他們在審核陸戰志工身分時會有幾個審核機制，所有想要加入的人都會進入到第一關的「大水庫」：確認加入參與行動的緣由。確認無誤後就會進到第二關：讓志工簽保密協議，確保其收受的連署書不會有資料外洩的可能，而罷團也會在這時大致了解申請志工的背景，最後才能進入到街頭組。

害怕被發現、個人資料外洩的恐懼，不只來自連署民衆，甚至也發生在志工身上。「後來藍營開始操作對立，深化不同立場的仇恨，也開始有一些不理性的行爲出現，寒蟬效應就變明顯，我們志工也退了三十幾位。」Ami提到，許多志工都害怕自己的家人受波及而選擇退出。

・建立嚴格SOP，消弭民衆被揭底的憂心

杜承哲說，面對有疑慮的群衆，他們會耐心解釋：罷團的保密工作其實做得滴水不漏，而且罷免會「高分通過」，在上萬份連署書中，若有心人士眞的想竊取特定對象的資訊，也並非易事。透過這樣的對話，希望能安撫群衆的憂心。

除了透過持續喊話、請民衆對罷團有信心之外，新竹市罷團也發展出一套縝密的收受連署書SOP。

「新竹雙罷」發言人林志潔說明，以她的服務處爲例，收件區和保管區有很明確的劃分，而她也確保監視器都安裝完畢後才開始收連署書。且爲了讓連署民衆更安心簽署，她的服務處也爲此買了兩個保險櫃來保管已收到的連署書。

「只要收到五十份我們就會立刻封箱。」林志潔說，要讓連署資料澈底被保護，就是要制定出一套嚴謹的流程，不能讓意外有發生的可能。她笑著說，儘管她是罷團發言人，自己也是送件前才知道造冊中心在哪裡。爲防有心人，保

密工作可說是做得滴水不漏。

・各式網站遍地開花，隱藏資安危機

除了陸戰的連署書個資成了罷團有意識要保護的對象之外，此次大罷免行動在網路空戰的討論度也高居不下，許多網站、社群上的社團也如雨後春筍般冒出。

「全臺大罷免第二階段連署時間條」* 就是由六位志工自主架設、維護，獲得愈來愈多關注後，除了各區罷團收受的進度外，網站還設計了許多小巧思，各區達標有煙火特效，收件中的也會有些幽默的字句，甚至還有「誇誇累計器」，爲有志一同的夥伴打氣。

網站最初始的製作者阿貓表示，一開始是自己在青鳥社群中看到有人分享一張日期進度圖，便萌生了將其轉換爲網頁呈現的想法。爲了省去手動更新圖片的繁瑣流程，她將這些圖片的內容製作成網站，能自動更新日期與進度條，讓

* 「全臺大罷免第二階段連署時間條」網站

資訊更即時、傳遞更便利。隨後在各界的建議下，開始加入罷免門檻、目標收件數等關鍵資訊，網站功能也因此逐步擴充與完善。

隨著網站功能壯大，背後的運作也從阿貓一人變爲一個小型團隊。阿貓說，團隊成員都是青鳥臺派匿名社群上的網友，其中一位前端工程師 Wen 是在開源的程式碼平臺上主動聯繫，表示希望加入支援，後來又加入了 VIVI、貓姨、Diana 和 JHL 。有趣的是，這六個人在生活中完全沒有見面過，都是透過匿名社群討論。

這類統整全臺罷團資訊的網站看似不複雜，但實際操作起來並不容易。要聯繫公民主導、沒有固定窗口的罷免團體，已需耗費一些時間，搭上線後，也要解釋自己的來歷、取得對方信任，罷團才會願意提供內部資料。又，每位志工各自有正職工作，都是透過閒暇時間才能處理網站相關事宜。這一路上經歷的荊棘，難以言喩。

儘管這些網站都由志工自主創建，還是有不少流言蜚語，諸如「罷團眞有錢，還搞了網站」等謠言，在網路上遍地都是。

「到底要去哪裡領錢？」貓姨、VIVI 不約而同表示，看到這類攻擊只會覺得又氣又好笑，但他們也深知不相者恆不信，所以也放棄正面還擊、解釋了。

他們還說，在 Threads 上會看到許多網友對網站的回饋。只要是具體、有建設性的建議，團隊都會認眞討論，若是可行，他們都會著手調整，將網站最佳化。當有人發現、稱讚網站裡的創意內容，對他們來說是很大的鼓勵。

從一張圖片、一個想讓倒數資訊更容易被看見的想法，到那麼多人使用、瀏覽的網站，這些是阿貓從未想過的。他說：「我們每個人都在做自己擅長的事，互相補位、交換意見，不求回報，只希望網站能盡善盡美。或許這就是『公民力量』最可貴的地方。」

除了「全臺大罷免第二階段連署時間條」提供民眾查詢各區罷免進度外，有地圖查詢連署書收受點功能的「罷傳」*，也是深受民眾青睞的網站之一。該網站由工程師慕安、視覺設計師陳亦婕，及兩位匿名志工——馬鈴薯純、二次元螞蟻各司其職所完成。

此次罷免行動的確靠著公民自主的力量，催生不少數位化服務，普及資訊，方便連署民眾自行使用，但其衍伸的資安問題卻隨之而來。

・資安專家：要以小人之心，度君子之腹

「罷傳」罷免網站工程師的慕安曾經是國家資通安全研究院設計制度總顧問，她就提到，網路世界是危險的，若能以小人之心，度君子之腹，反而是好事。

慕安在此次罷免行動裡注意到，有些網站爲了讓連署人方便塡寫，可以在其網站輸入個人的身分證與戶籍資料，再生成連署書，這樣既不怕格式錯誤，又避免了字跡潦草被剔除的風險，乍看之下貼心又省事，卻可能因爲網站設計上的技術出現資安漏洞。

＊「罷傳」網站

慕安進一步解釋，網站分為前端和後端，前端就像是我們看到的東西，比如說按鈕、文字；而後端則是按下按鈕之後，資訊會被傳送去的地方。若要生成連署書內容，其實在前端就可以生成出圖檔，但若使用的技術是將資訊傳到後端、再由後端生成出檔案，在這傳輸的過程，就容易因為沒有被加密，而被有心人士攔截。

在科技日新月異的當代，除了大眾對個人資訊的安全意識抬頭，也希望一切出自良善的初心不會被特定人士而利用。慕安提醒，這段期間大家都非常相信同盟的人，但同盟中也有可能是假扮的、偷偷潛入的，提高警覺並非壞事。這也是日後公民行動可能會遇到的挑戰之一。

六、我們都是「阿美」：一場海納所有人意志的「公民課」

- 百年大黨傾盡資源攻擊市井小民，反激起民眾不滿情緒今年三月初，國民黨大動作召開記者會，公布北市第三選區罷團「山除薇害」發言人阿美的相關個人資訊，讓原本以喬裝身分參與行動的她自此被迫拿下帽子和口罩。

隨著阿美身分曝光，各種輿論及臆測開始出現，最直接衝擊的則是她與家人的關係。據《鏡報》專訪指出，阿美政治立場本就與家人不同，所以才選擇匿名，事發後，第一時間她即受到家人檢討，一定是她做錯事，才被如此對待。

「這件事讓我很挫折。爲什麼我在最需要被照顧的時候，家人沒有跟我站在一起。」阿美回憶起這段歷程，還是忍不住紅了眼眶。她說，雖然事發當下完全不敢相信國民黨竟然用全黨資源去對付市井小民，但她知道絕對不能退縮，不然國民黨下一步不知道又要對誰開槍。

北市第三選區罷團「山除薇害」召集人淩一感慨地說，當天看完記者會非常生氣。「對不起，我沒有好好保護你。」等到他聯繫上阿美的時候，除了跟阿美道歉，更想陪著阿美走法律途徑，向國民黨提告，殊不知年紀較小的阿美在這時反而相比他沉著，要凌一放心，她沒事。

就在與團隊的律師商討後，阿美和「山除薇害」決定將這股憤怒轉化爲罷免定要成功的覺悟，自此之後，阿美卽帶領團隊正面迎戰。

「我很難過，因爲她（阿美）是替我擋子彈。」凌一會有如此愧疚，除了自己是召集人外，他與阿美更是一路從草創時期就相互支援的夥伴，「我的編號是〇〇一、阿美是〇〇二。」凌一認爲是阿美替他挨了國民黨一刀，一想到阿美除了要迎戰敵對陣營的攻擊，還要面對家人，他也更覺內疚。

不過國民黨起底志工的行爲並沒有爲反罷免加分，許多民衆開始自主響應「我們都是阿美」行動，要讓藍營知道，衆人並不會因爲害怕個資被揭露就選擇退縮，反而更堅定了下架不適任立委的決心。

和阿美相似，臺中第四選區罷團「臺中覺醒・展翅廢翔」發言人高凡璽同樣也經歷了一段與家人溝通的過程。

今年三月才從高雄回到故鄉臺中的高凡壐，隨卽加入中四罷團的志工運作，家人不能理解他每天待在罷團總部的時數遠比一份正常工作的工時還長，更何況這還是沒有薪水的志工服務，甚至因此彼此間也會有爭吵、碰撞。

「親愛的媽媽 請你毋通煩惱我；原諒我 行袂開跤 我欲去對抗袂當原諒的人」

高凡壐提到與家人溝通的震盪，引用了滅火器〈島嶼天光〉的這句歌詞。他哽咽說道，他認爲這不只是一次單純的罷免行動，參與其中的所有人，都在經歷一段理解臺灣歷史的過程。過去的民主前輩可能經歷過黨外運動、野百合運動，十年前也有許多人爲三一八學運挺身而出，而這次的罷免，就是讓過往臺灣曾經發生過的民主運動歷程有機會能串連起來，透過更多公民運動的生面孔的加入，他們會理解，民主並非天上掉下來的，而是過去許多前輩不畏極權所爭取來的。

・用自己的方式參與罷免：一場大型的公民課

花蓮罷團「微光花蓮」領銜人李美玲提到，罷免行動其實是一場大型的公民課，讓各行各業的人可以用他們的方式來參與公共事務。

透過罷免，許多罷團爲了確保運作一切合法合規，除了請益律師相關法規、蒐集過去罷免資訊、請教當地議員，更要思考如何回應敵對勢力鋪天蓋地的攻擊，逐步建立出一套運作系統。他們都對公共事務有更寬敞、全面的學習與成長，這不只是民主力量的展現、更是一段共同學習的歷程。

李美玲說，如果花蓮或臺灣有一天談罷免的時候，大家可以跟談選舉一樣自然，無需恐懼、不用躲躲藏藏，那這才會是一個成熟的民主社會；大罷免行動更重要的意義是，「我們要讓我們的孩子、年輕人們，或我們的下一代知道，罷免是他們的權利，而且那個權利自然到和投票是一樣的。」

北市第七選區罷團「剷除黑芯」發言人 Roger 則以此次藍營鐵票倉一個個

被鬆動爲例，說明：「這是是公民意識的覺醒。」

Roger 認爲，過去許多人對於民主的體認是被動的，時候到了就投票，以爲這就是公民力量的展現。然而此次透過罷免，讓公民能夠主動地有所思考、選擇，這是過往難以想像的事。他相信，未來會有更多公民願意參與公眾事務，在需要的時候一同集結公民的力量，落實「選舉、罷免、創制、複決」的公民權力，讓臺灣的民主更趨成熟。

儘管罷免行動是每天的進行式，可是參與志工會因爲各自的身分，而有不同的投入時間和方式，所以就算同屬一個罷團，彼此也可能互不相識、未曾見過面，但最多的情況會是「只聞其聲，不見其人」。

北市第八選區罷團「文山退葆」發言人 Pat 就說，一直等到二階送件門檻確定達標後的慶功宴，才算是較爲大型的志工聚會。就在彼此一一「認親」的過程中，她突然很有感觸。

Pat說，這份感動是因爲彼此在完全沒見過面的情況下，其實已經爲同一個目標努力許多，而這段拚搏的日子，看似沒有交集的衆人其實早已合作數次，像是A志工每天開的宣傳車是來自B志工的贊助；C志工剪輯的宣傳影片是出自D志工所拍攝的素材。會有這場像是網友相見歡的活動，也是因爲衆人的共同努力，才有共享成果的機會。

幾乎所有罷團都指出，此次罷免是許多志工的第一場公民行動。他們背景多元，尤其又以女性爲主要力量，這是過去公民行動較爲少見的。

「她們的出發點非常單純。她們站出來，只是爲了讓自己的孩子有更好的生活環境。」「新竹雙罷」發言人林志潔提到，新竹罷團志工有七成來自女性。她們不求名求利，只是單純爲自己孩子未來的生活而擔心，所以藍營所說罷團都是社會邊緣人、甚至可以月領八萬等，都是無稽之談。這些人只是單純對現況感到不滿，而勇敢站出來罷了。

罷免行動能達到現在的成果，並非是抄寫名冊、政黨動員就有辦法做到，這場公民運動但凡少了任何一點力量，都有可能不會有現在的成果。大罷免，是屬於所有人的公民課，更是一場海納所有人意志的公民行動；然而，現在只是課堂之間的休息，還沒有眞正結束。第三階段罷免投票、第四階段立委補選，仍需公民力量不懈的投入與關注。

（編輯按：本文採訪時間為二〇二五年五月下旬至六月中旬，初稿完成於六月二十五日。六月二十日，中選會經審定後公告立委罷免案共有二十四案成案，皆為國民黨立委；另外，新竹市長高虹安罷免案也成案。首波罷免案將於七月二十六日投票，宣告大罷免行動將正式邁入第三階段。截至七月二日，中選會再次公告南投第一、二選區的馬文君、游顥罷免案成立，將於八月二十三日投票，其餘罷免國民黨立委的五案則已完成補件，有待中選會的審查與宣告。）

張博瑞

喜歡問、喜歡寫。曾是文教線記者、廣播電台主持人。習慣用提問打開對話，也努力在混亂中聽見不同聲音。採訪像打開世界的門，筆下的世界是衆人的眞心與時代的風景。偶爾迷路，但總在問「爲什麼」的路上找到方向。

歐陸大罷免實況
重如泰山的一封封連署書

T.
B.

立法院的一舉一動都牽引著海外的臺灣人

在玻璃櫥窗前，我小心翼翼地將準備好的注音標語往外展示，炙熱的眼神將所有殷切盼望投射在人來人往的車站，每個徘徊在車站速食餐廳門口的亞洲面孔，都希望他們是朝我走來，帶有一絲緊張地說：「我想簽罷免連署書。」

猶記得從國會擴權法案開始，每天都在緊密追蹤立法院的一舉一動，Threads 也成了我一起床打開的 App，爲了讓更多臺灣人能及時了解立法院國民黨籍民衆黨脫序的言行，有另一個臺灣人 Sam 創立了旨在馬上製作圖文分享立法院狀況的帳號，並透過 Threads 尋求我的共同經營；一聊之下，才發現雖然距離遙遠，我們都在德國工作，而甫從義大利搬來德國的我，在此因緣際會下多了一個在德國的臺灣朋友。

隨著立法院從法案會期進入預算會期，每日更新立法院狀況的需求下降，但當在野黨於三天內推翻委員會討論的預算、提出一千多案荒腔走板的預算案，大罷免的火順勢點燃。在各地連署進入需要百分之十選舉人口之際，正好又閱讀著國民黨在國會製造的亂象，我向 Sam 隨口說了一句：「我眞的好想週末去大城市，擺攤收連署書。」但深知德國不如英美般充斥著臺灣人，這個想法猶如天方夜譚，直到位於英國的 A，在 Threads 上詢問是否有人願意在德國收連署書，Sam 標註了我、表示我們可以共同協助，便開啟了歐洲大陸收罷免第二階段連署書的序幕。

在海外組織志工也得要處處當心

有了先前共同經營社群的經驗，這次我們也迅速地建立起匿名 Discord 群組、Google 雲端硬碟，找了其他位於德國可以信任的朋友後，亦開始討論起如何招募志工、避免間諜混入——除了須比對身分文件後簽切結書，也須與 Sam 及另一個志工面試，面試過程我們擬定了有鑑別度的問題，凡有任何不對勁，便婉拒新志工的申請。

在地廣臺灣人稀的德國，依靠著 Sam 與德國在臺協會會長的人脈，我們開始在不同德國大城市臺灣人社團，宣傳起大罷免的重要性，也因為我們組織迅速，A 邀請我們一同負責波蘭、捷克、西班牙等只有零星志工的其他歐陸國家；與此同時，罷免王鴻薇的公民團體（山除薇害）因為發言人個資被公布，湧入大量志工報名，我們也與他們達成分擔量能的協議，若報名者位於歐陸，將由我們直接負責篩選、面試。

二〇二五年三月的第一個週末，六個德國大城市志工們滿腔熱血地前往各地車站。考量到有些臺灣人可能從最近的城市前來，我們大多選擇車站內或附近的咖啡廳及速食餐廳入座，爲避免惡意人士前來鬧場，我們也邀請欲前來簽連署書的民眾，事前私訊官方社群帳號了解當地志工穿著。除了準備好一整本各地的第二階段連署書，爲了符合德國個資保護法，我們也準備了小信封，在每位民眾填完連署書後便立即密封；而我揹著滿是信封及空白連署書的後背包，搭上了兩個多小時的火車。

第一週的收件狀況不甚理想，看著臺灣一天得以大排長龍，我卻只遇到一個民眾順利簽連署、另一個民眾的第二階連署則還沒開跑，不免感到些失望，就連臺灣人較多的柏林及漢堡也只遇到個位數的民眾、甚至掛零，志工們也戲稱這個週末是不斷盯著薯條或咖啡的午後。

但這不意味著我們無所事事。每當中選會公布一個選區的連署書樣式時，由於沒有電子檔，各罷免團體需要自行掃描，且確定沒有在過程中造成格式的誤差。爲避免惡意人士網路上流傳錯誤的格式，我們也與各個罷團一一確認電子檔，並建立內部的表格，整理各地連署開跑日期及確認過的電子檔之連結。

當罷免的火愈燒愈烈，欲加入罷團志工的人也不斷增加，此後簽切結書、面試的過程便未曾停過。

把守備範圍拓展到整個歐陸

考量或有歐陸其他國家沒有志工可以當地收連署書，我們也建立起德國的郵遞信箱，而波蘭及西班牙也有志工建立當地郵遞信箱，但爲求簡化包裹，他們也將會把所有收到的連署書寄到德國，由德國統一寄回臺灣；四月底適逢復活節，恐影響郵政效率，我們也整理出甘特圖，推算郵寄時間、須預留的造冊時間，與各地志工協調收連署書的截止日期。

爲了能讓更多在歐洲的臺灣人知道可以連署的消息，我們也與世界各地其他罷團志工討論起社群策略，每週我們會分享社群觀看人數等資料，互相切磋推廣社群的方式；從用人工智慧製作影片及歌曲、發表梗圖，到書寫異國冷知識文章、標註相關關鍵字，空戰也成了歐陸罷免宣傳不可或缺的一環。我們也互相鼓勵舉著注音的牌子與不同知名景點合影，除了可以避免引起海外中國人騷擾，也象徵著臺灣人的罷免意志在世界各地發芽。

社群的宣傳效果顯著，前來連署的民眾大多表示是上網得知資訊，但隨之而來的卻是網軍刻意攻擊，從諷刺海外臺灣人沒有資格關心臺灣、是否臺灣有狀況時只會用雙重國籍逃跑，到帳號遭惡意檢舉而不斷被禁言。我們除了當機立斷創造新社群帳號之外，也與各社群平臺的工程師聯絡……或許我們志工收連署書時，遇到的攻擊不多，在收件時間更加緊湊、臺灣人密度極低的歐陸，社群成了我們的救命繩，而最終，歐陸（因法國有當地的在臺協會負責，不在此計）共收了一千零八十七份，即使是各選區的零頭，每一份飄洋過海的連署書，在我們心中都重如泰山。

回顧歐陸大罷免的參與，我們並非從既有組織形成，倚靠的是每個志工愛臺灣的一顆心，迅速地建立起招募志工標準化流程、雲端硬碟、匿名群組，在兩個月內從德國大城市，擴張成荷蘭、盧森堡、瑞典、挪威、匈牙利、捷克、波蘭、義大利、西班牙、葡萄牙，及比利時都有我們的足跡。常常有人問起，善意或惡意都好，「你們在海外爲何關心罷免？」其實答案很簡單：臺灣是我們永遠的家，身爲臺灣人，死爲臺灣魂，無論身在世界何處，我們都要當個堂堂正正的臺灣人。

T.B.

深藍家庭長大，因太陽花而開始關心政治；半個香港人，正努力守護著台灣這片淨土。約十年前來到歐洲唸書，但沒有間斷地關心著台灣，醫生但是醫人前要醫國，罷免連署德國組長之一。

從影印機超人、迷因圖卡到美食辦桌，英愛罷團陸空戰法讓海外臺人動起來

廖聖恩
志工 J

英國愛爾蘭罷免團隊大約是在二〇二五年二月底正式成立，但從農曆年前的一月開始，就有幾位臺灣人在英國及愛爾蘭各地自主展開連署行動，收取第一階段提議書。罷免確定進入第二階段後，志工慢慢整合起來，規模逐漸擴大，發展成英愛志工團。每位志工加入的契機不同：有第一階段就在收連署書、之前簽過連署書的人，有志工的親友，也有看到社群網站上的宣傳、網路媒體報導，或是因爲參加罷團活動而加入的夥伴。

在中央選舉委員會公布連署格式前，團隊內部持續以線上會議的方式訓練新進志工，群組資訊也即時更新，確保每一位志工都知道正確的列印、書寫格式、

遇到各種狀況該如何應對，並以確保自身安全為第一優先。尤其在非大都會的城市，時常只有一、兩位志工，沒有足夠的人力互相支援，此時人身安全就更加重要。在這個階段，各城市的志工也積極接洽願意協助收件的友善店家，為民眾提供更多填寫的機會，也讓我們收件時多一層保障。

每一份連署書都是民眾守護家鄉的心意，而保護他們的個資是我們英愛罷團的責任。海外志工團對於《個人資料保護法》皆有共識，確保每份連署書都能順利回到臺灣的罷團手中。

「影印機超人」出動！志工沿地鐵「包線」擴大收件

英國不像臺灣到處都有影印店，雖然學校或店家有列印服務，但印一張紙可能要幾十塊臺幣，所以一個學生如果要列印數張連署書，對他們來說會是相當高的成本。因此，「影印機超人」應運而生。

那些有家用影印機的網友、志工，幫忙列印空白連署書，再轉交給友善店家、需要在街頭駐點的小蜜蜂志工。一開始，志工只是透過友善店家與街頭小蜜蜂的方式機動收取連署書，沒料到大家搭地鐵搭出心得，紛紛沿地鐵線「包線」——只要有人願意簽連署書，每一條地鐵線、每個車站都可以找到志工去收件，提高民眾填寫的意願。

在愛爾蘭的都柏林、高威，以及英國的曼徹斯特、利物浦、愛丁堡、牛津、劍橋、布里斯托、巴斯、布萊登等其他城市，則由當地志工於在英臺人的臉書社團、Threads、Instagram 上做圖卡宣傳發文、聯絡好民眾後，在咖啡店、車站等地見面，當場簽署、檢查並收集連署書。

在蘇格蘭，雖然我們只有兩位志工和一個友善店家，但志工分別位於首都愛丁堡與第一大城格拉斯哥，算是涵蓋了人口最多的區域。他們也很願意搭車去蘇格蘭境內其他較遠的城鎮，快閃駐點，希望擴大收件範圍。

英愛罷團後來也在倫敦申請了郵政代收信箱，補足其他城鎮不足的人力，讓其他沒有志工駐點的城鎮，當地民眾也能以郵寄連署書至倫敦的方式參與連署。爲了避免郵寄格式錯誤需要補簽，我們也發展出線上一對一教學，協助民衆再三確認。

在我們的內部群組，也設有專區回報每日收件進度。除了用來核對件數，也計算當週收件冠軍的立委，不僅自娛娛人，也爲社群宣傳提供素材。

迷因圖卡創造高流量，與工程師共建全球收件地圖

社群宣傳等空戰方面，英愛罷團最自豪、也最珍惜的就是強大的美編。我們在初期就摸索出一套作業流程：小蜜蜂留下自己負責收件的城市、時間、地點與當地照片，由美編製作收件資訊圖卡，再由社群小編發文。這個流程使得我們的美編卽使人在臺灣，卻對這裡的城市與交通瞭若指掌。

雖然沒有固定發文時間或排程，但只要社群小編有看到新的待發圖卡，就會立刻發文，追求在第一時間將正確的資訊傳播出去。發文後，志工也會與其他海外罷團在網路上交流，互相曝光，吸引流量。我們也會在 Threads 上的高流量友軍或是政治人物帳號貼文底下留言、在發文中加入「# 英國旅遊」、「# 英國生活」等標籤，將帳號往同溫層外推播出去，讓更多人看見連署貼文。在使用罷團帳號留言時，也會盡量避免在非友軍帳號發文底下留言，以免被惡意檢舉。

在宣傳過程中，迷因圖最容易跳出同溫層。到了收件中後期，我們大量製作與罷免、立委相關的迷因圖卡，讓各個志工發揮創意，散播到網路上的各個角落。歐洲罷團常常諧音梗大爆發，結合每週收件冠軍推出「歐洲罷免排行榜」，用看似搞笑、實則批判的方式，將政治人物的爭議性言行，轉變成一篇篇社群貼文。這些幽默內容往往創造高流量和分享數，也激發海內外對罷免議題的關注。

海外罷團與臺灣罷團最大的差異，大概是海外較少遇到肢體衝突，但大量的網路攻擊還是免不了——不只是惡言相向，也常出現外人試圖盜用帳號的跡象。但或許是因爲時差的關係，加上罷團內部有社群權限的人不少，我們得以及時阻止帳號被盜用。罷團內部也確實掌握了每位小編的權限與登錄狀況，確保大家沒有將自己的帳號與罷團的帳號連動，並且嚴格執行社群登入的二階驗證，竭盡所能避免盜帳號的情況。各個海外罷團之間的交流與訊息共享，很大程度遏止了潛在的資安風險。

爲了拓展罷免資訊的觸及人數，志工也在英國境內相關的臺灣人LINE群組上宣傳。不過，LINE群組資訊量較大，常見罷免資訊傳送出去後，很快就被其他討論淹沒了。偶爾板主也會出面禁止討論政治：輕則言語警告，重則直接刪留言並踢出群組。遇到這種狀況，我們通常會理性地與其他群組內的人溝通，相信危機就是轉機，只要此舉激起漣漪，就會有更多中間選民看到相關資訊。確實有不少人是因爲看到類似狀況，爲我們在群組的遭遇打抱不平，而主動與我們聯絡。

在收集連署書的過程中，志工始終將民衆的個資保護視爲最高優先事項。我們深知個人隱私的重要性，因此採取嚴格的資安措施。海外罷團和「罷傳」網站團隊的資安專家工程師慕安合作，共同建立了全球收件地圖。這個創新工具不僅能有效查詢全球各國、各城市的收件地點與信箱，也鼓勵了臺灣志工，宣告海外的臺灣人也動起來了，國內的你們並不孤單。

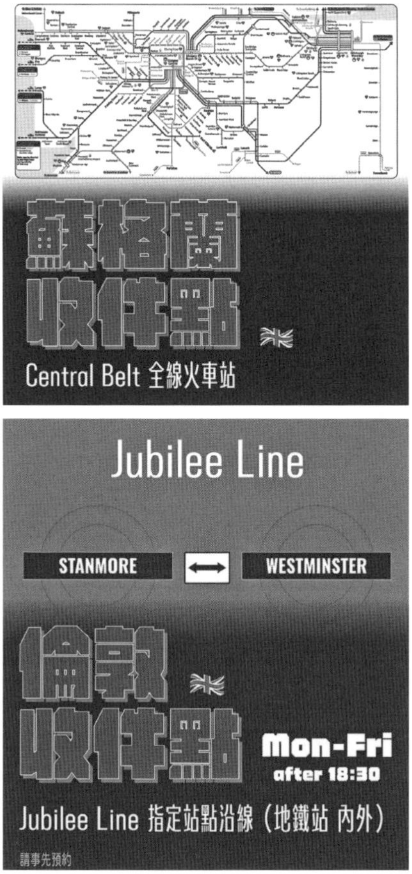

英愛罷團美編製作的收件點圖卡。
（廖聖恩　提供）

辦野餐會，用美食「辦桌」吸引人潮、傳達臺灣處境

到了罷免行動中後期，英愛罷團開始組織陸戰團隊。志工在倫敦與愛丁堡的公園籌辦野餐會、收連署書，主打無論有沒有罷免，都歡迎來參與臺灣人的聚會，希望透過軟性活動，在英國一南一北聚集人潮。野餐會不僅聚焦在罷免，更建立人際網絡，與志同道合的夥伴一起交流，分享各自對臺灣的願景及期許。或許是臺灣人內建對食物的執著，野餐會愈來愈像戶外辦桌。大家使出渾身解數，端出自己的拿手好菜，在聚會上以食會友。

爲了推播資訊，英愛罷團也搭了幾次「順風車」，在可能聚集臺灣人的活動外圍站點宣傳。例如，有臺灣樂團在倫敦開演唱會，我們就在場地外圍設置連署站，準備鹹酥雞、滷肉飯、蒜頭雞湯、臺啤等臺灣美食「辦桌」，在現場宣講與收連署書，當天成功收集了四十幾份。

另一個有成效的活動，也跟美食有關，是臺灣留學生在倫敦舉辦的臺灣美

食展。志工夥伴現場架起攤位，擺出茶葉蛋、紫米紅豆湯，直接拿起麥克風對著馬路宣講、收連署書。大家輪流用中英雙語對現場民眾說明臺灣此刻的政治處境，解釋我們爲什麼站出來。

令人動容的是，有些外國人雖然不能簽署，也會主動前來詢問，甚至表達支持。還有年僅十九歲、沒有投票權的臺灣留學生，雖然無法連署，但也向志工說句：「加油！」那一刻，志工感受到的不僅是文字上的支持，更是跨越國籍疆界、源自身分認同的深層連結。

即使已經到了第二階段中後期，仍有不少民眾並不知道罷免活動，而這種宣傳方式也順利讓我們接觸到更多人群。

然而，並非每次搭順風車都一帆風順。在某次活動中，原本安排志工在活動場地擔任機動小組進行宣傳，卻遭到主辦單位驅離。畢竟那是主辦方的場地，我們雖感遺憾，但仍選擇尊重對方的決定，將駐點轉移至附近一家咖啡廳的戶外座位，並徵得店長同意，沒想到志工仍再次被要求離開。雖然這讓我們略感挫折，但往好處想，這是我們遇過最不友善的對待了，沒有更過分的言語辱罵或人身攻擊。

從結果來看，英愛罷團的空戰、陸戰策略都是成功的。透過主辦野餐會以及搭順風車宣傳的方式，我們成功吸引到不少原本不了解罷免情況、平常不關注政治事件的民眾前來詢問並簽署，成功將同溫層往外拓展。

英愛罷團籌辦野餐會與夥伴交流、分享對臺灣的期許。（廖聖恩　提供）

透過罷免團結海外臺灣人，繼續爲臺灣議題努力

很榮幸能透過罷免活動，在英國聚集了一群對臺灣未來願景志同道合的夥伴。我們也希望透過這次建立起來的人際網絡，成立海外臺灣人的交流平臺。

我們和許多在英國或歐洲各地的臺灣協會、當地臺灣人社團互相交流、分享資源，大家藉此認識彼此，有更緊密的連結。這也讓很多剛來到海外的臺灣人，能快速地與當地臺灣人聯繫起來，建立更多生活經驗上的互助。

在第二階段連署結束後，大家回到原本的崗位，過自己的生活，繼續推動國民外交。未來希望能持續與海外的臺灣人協會或社團合作，辦理各種軟性文化交流活動，推廣臺灣的歷史文化與主權等議題，爲國際舞臺上的臺灣盡一份心力。

廖聖恩

大學法律系畢業後，搬到歐洲已十年。在法國讀研究所並在巴黎的投資銀行工作三、四年，目前任職於倫敦金融業，擔任風險分析顧問，也是新任英國臺灣協會會長，致力於英臺交流與民間友臺力量集結。在這次罷免活動中擔任影印機超人與小蜜蜂的工作，主要負責市中心與倫敦西邊的收件。

志工J

負責蘇格蘭罷免連署收件，也是罷團Instagram與Threads小編之一。

身在關西，關心臺灣——日本罷團志工所感

E. C.

人到異地，才更認識自己是誰

回想起來，那時想要做些什麼的念頭或許不是衝動，而是將長久以來壓抑的情緒具體化成一份獻身的動力。

我來自臺中中三選區，自小身處深藍鐵票倉，對政治不大關心，就算是太陽花世代，我也沒有參與過任何社運，對當時的印象也不深。但自從身在異鄉後我才開始對故鄉產生牽絆。即便不確定會在異地待多久，但「國」和「家」的存在，始終是最能讓我安心的所在。

我最初是拿打工度假簽證來，當身邊的日本人知道我是「臺灣人」時，表現出的善意讓我感到欣慰，因爲他們不會用「中國人」稱呼你；但在藥妝店的工作中，接觸到的中國人，他們對「臺灣人」的態度卻明顯截然不同，雖然我相信其中也有好人，但在看到他們的許多舉止反應後，你很難去說服自己眞的會有所謂的「兩岸一家親」。

而後武漢肺炎爆發，中國人大量搶購口罩；一旦告知限購，他們就指著你出言不遜。這類場景層出不窮，有如蝗蟲一般，好似要把他們口中「小日本」的東西都給搶光，散發著勢利和自私自利的氣息。這更加深了我的認知和決心：我們不是他們，也不能和他們成爲同一國人。

因此，我下定決心只要有能力回臺灣投票，就絕不放棄每一次機會。因爲我知道我的一票，在我家能抵掉那張深藍選票，讓我家其他愛臺灣的那一票能發揮效益，期許臺灣能愈變愈好。

當然，這次的罷免行動也是，我雖然並不是立刻就去參與，但在實際自己去了解後，有幸地，在三月多，也還算是初中期的時候，加入了日本罷團的行列。

日本罷團的運作情況

日本站，「罷卡ゴミ丼」的運作從成立至今，大致能分成三個階段，中途偶有夥伴離開或陸續加入，但不管資歷深淺，大家都盡力完成了許多目標。我算是中期才加入，但聽到初期成員所談的內容，也能體會這過程到底是多麼艱難和辛苦，因爲從一開始我們資源就十分有限。

日本和其他海外罷團最不同的一點在於，沒有所謂的「主力後盾」。就算有同鄉會之類的其他臺灣人民間組織，但這些大部分都是由各個縣市地區各自主導，並沒有像其他海外的臺灣協會那樣，團結到具有統一號召的力量。此外事後我們接觸到更多相關的人，聊過之後發現，其實這些組織內部也是一個小小的臺灣社會縮影，政治立場分布的結構很像，形成了微妙的均衡，也同時因爲如此，很多團體不會公然表態或是實際以團體名義支持大罷免，因此我們從一開始就沒有一個有力的組織撐腰。但也正因爲我們是自發組成的組織，且在日本的臺灣人團體夠多，所以就算沒有依靠我們罷團，人們也會自行主動去聯絡可能收連署書的任何團體，或是自主郵寄或帶回臺，完成交付二階連署書的任務。

在日臺灣人的分布中，東京最多，其次是大阪，但罷團初期成立時，大阪只有兩名志工。社群媒體傳播消息，和實際收件志工人手相對充足的關東相比，關西則是遇到了不少困難；並且時間緊迫以及與各方串連的動能較弱的狀況下，收二階連署書的壓力很快地砸在初期志工的眼前。

但在初期志工奮力不懈之下，還是開拓了友善店家幫忙收件，之後各地願意加入的志工也多了起來。從最北的北海道到最南的沖繩，無論有幾張連署書，志工都不嫌遠、不嫌麻煩去收，有的志工甚至只爲了一張連署書也願意花快一小時特地坐車去收，因爲對我們來說，每張連署書都彌足珍貴。

在這樣的狀況下，我在那時看到大阪和京都都有收件，實際去大阪場簽了之後發現大家的參與雖然很踴躍，但同樣是關西的神戶並沒有人負責，於是我主動在收二階連署書的後半段時期提出加入團隊。我一開始還覺得，只是收件而已，沒那麼困難，但實際參與下去才體會到那眞的不如想像中容易。然而正因爲是去做了，才發現，自己比想像中更愛臺灣。

相信所有志工覺得最欣慰的，就是民衆說「謝謝你們在」的那個時刻。我才剛實際參與收件，很快也碰上並被這份情給打動，因爲那代表了一份份海外遊子的心情和意念。曾有住京都的民衆沒對上時間，所以特地跑來神戶簽連署書，說我們有固定收件點「很方便」。也有的民衆在我們加場收件的最後一刻趕到，交出的還是臺中艱難選區的連署書。他們交出連署書之後才放心，還說了「一定要成功」。

這些最直接的聲音以及想共同守護臺灣的心情，透過我們罷團的收集，再把它們傳回了臺灣。當然陸戰以外，空戰也持續發酵。我們有提供寄件說明，並且上傳了全區的連署書讓民衆可以透過便利商店印出並自行寄件。有時候從後臺紀錄也看的出半夜還有人在印，或是在我們沒有配置志工的地方也有人列印連署書。這也是鼓勵我們繼續努力的動力之一。至少我們在海外沒有放棄，並利用許多方法，盡可能收一張是一張地拚下去。

匯聚臺灣人的愛

二階收件告一段落後，接著就是鼓勵大家回家投票的階段，也就是寫這篇文章的現在當下。而我們志工持續繪製圖卡、發文、辦活動，只爲了維持罷免話題熱度。關東的活動多以講座爲主，也有其他的民間團體資源支持，關西這邊人少，表態支持者也少的狀況下，我們的活動主要是以參與者彼此交流的形式爲主。雖然兩方的實際接觸層面和成效不同，但最近我很明顯感覺到，我們日本罷團內部的羈絆愈來愈深，而且不管是從初期至今的，或是二階收完後才加入的，所有志工對於想要守護臺灣、讓臺灣更好的心情，都是一樣的。

近年，日本民間受到中國不少惡意，加上政治體系持續親中的現實，我漸漸感受到日本社會也開始有了保衛自己國家的聲音，提倡「臺灣有事就是日本有事」的話題愈來愈大，而我們罷團內志工的日本伴侶，也都在另一半對民主的關心與奉獻之下，受到潛移默化，更去關注政治，也會去投票了。海外臺灣人的努力展現在日本人眼前，也造成了間接影響。公民價值的體現不只是展現民主的韌性，也讓世界上更多人認知到民主制度下的公民，有責任，也有力量。

回到一開始所提的，剛加入時，我的確是害怕這該不會只是衝動，但在經歷了這些之後，我的心情也漸漸撫去不安，轉成「有加入眞是太好了」的正向回饋。同時我也對於臺日友好有了另一種體驗，也以身爲罷團志工爲傲。我沒有後悔加入，正是因爲有夥伴在，這麼多不同年齡身分的在日臺灣人，都有共同愛臺灣的心，爲了讓臺灣依舊是我們的家鄉而努力；就算不是志工，參與罷免的在日臺灣人們，相信也是一樣的心情。雖然每個人的力量小，但是凝聚起來也是能影響並繼續擴散，去維護民主價值。

大罷免大成功！

E.C.

加入志工後從I人變成E人，住大阪的神戶通勤社畜，就算再怎麼喜歡日本也不會想要放棄國籍。最近的小小行動是不去中國人開的店消費。

星巴克裡的小小立牌與中風母親的簽名
我在東南亞收集罷免書的日子

葡萄媽媽

異地臺灣人的眞心與眞情

和和多數的罷團志工一樣，我沒有背景，沒有勢力，只是一位普通媽媽，一位想留給孩子一個仍能自由選擇、安身立命於民主國家的母親。同時，因爲異國婚姻，我也是那個讓在臺灣的父母牽掛、無法時常相見的女兒。

身處異地，我對臺灣政治的參與逐漸感到疏離，只有在總統大選時會回去臺灣投票，默默期盼能選出一位眞正能帶領臺灣走向正確道路的領導者，而不是那些只會喊口號、砸錢造勢的政客。

臺灣，是我童年與青春的所在，是家人與朋友的現在與未來。罷免行動剛起步時，消息尚未擴散，身在海外的我們幾乎毫不知情，在不知不覺間，活動已推進到第二階段。直到某天，我在 Threads 上看到「揪罷共」（東南亞罷團）的圖文，才猛然意識到：臺灣正迎來史上首次大規模的罷免行動，我才知道那些親共藍白立委的言行已荒謬至此，也才明白，原來即使身在他鄉，我那顆想守護臺灣的心，從未改變。

透過 Threads、各大罷團的貼文，以及罷傳網站的資料，我逐漸認識到每一位親中藍白立委究竟擋下了哪些預算與法案，又做出了多少令人錯愕的親共行爲。他們的作爲與不作爲，無一不是與我心中「爲臺灣好」的價值背道而馳，這也更加堅定了我想爲臺灣盡一份心力的決心。

填完罷免書後，我才發現馬來西亞並沒有設立收件站。此時，英國、日本、美國的罷團早已運作成熟，東南亞的新加坡與泰國也剛開始組建。而我手中的罷免書，卻不知該寄往何處。那晚，我便決定加入揪罷共，心想只是順手代收罷免書而已——但心裡其實很清楚，錯過這次，也許下一次想再爲臺灣做些什麼時，很可能已是兵戎相見。

女性的溫柔與強韌超越國界

當晚參加揪罷共的線上說明會，赫然發現成員竟全是女性。於是我打趣地對先生說：「從前總統蔡英文執政開始，臺灣已經變成女性的天下了嗎？」當然不是。我想，女性之所以站在前線，是因爲我們的思考路徑與男性不同，總是習慣將事情的前因後果串聯，將各種風險預先盤點。我們基於母性本能，想保護身邊所愛之人。與其等事情失控，不如未雨綢繆。後來我開始留意本土各地的罷團行動，果不其然——無論在國內還是海外，女性成員都占了八成以上。

東南亞的志工行動始於新加坡。當地夥伴原本只是無意間滑到英國志工團體的貼文，發現東南亞缺乏宣傳與收件支援，於是一頭栽進這項苦差事。也因她的投入，帶動了新加坡、泰國、越南、馬來西亞與菲律賓的臺灣人陸續加入。雖然每國志工人數稀少，皆未超過三人，但隨著加入者變多，我們能互相討論、分擔壓力、交換經驗。在面對質疑與冷嘲熱諷時，我們有彼此支持；在收件卡關時，我們有能夠理解、安慰對方的夥伴。罷免行動，將這些原本散落各國、素未謀面的臺灣人串連在一起，因爲我們有一致的目標。

隨著寄件截止日一步步逼近，收件量卻始終慘淡，大多數還是我在自己的小小同溫層裡，一張張小心翼翼收集來的。明明馬來西亞的空戰夥伴早已火力全開，但願意簽署罷免書的臺灣人仍寥寥無幾。看著美國、日本、英國等地陸續寄出一箱箱的罷免書回臺，我的心情逐漸沉重。

我開始反思——是因爲當地政治氛圍太保守？是在馬臺灣人本來就比其他地區少？還是因爲在馬臺人的配偶多爲馬來西亞華人，而馬華族群普遍親中，使他們難以表態？也許，答案藏在我發在 Facebook 社團的那篇貼文中。

唯有生活在他鄉才體驗得到的點滴冷暖

那天，我只是單純想在一個擁有上千成員的臺馬社團裡貼出一則訊息：馬來西亞也設立了罷免書收件站。一方面是讓更多人知道臺灣正在發生什麼事，另一方面是希望能觸及更多異溫層的臺灣人。

沒想到留言區的風向卻讓我錯愕不已——滿滿的謾罵與否定：「丟臉丟到國外了！」「這種人怎麼還不滾回臺灣？」「社團版主應該刪文！」

噢！對了，這些留言的，都是拿著綠色護照的臺灣人呢。

但即使有這些令人沮喪的時刻，溫馨感動的小故事也不少。我收到的罷免書中，有來自一戶全家移民馬來西亞的國民黨二代。他們因爲看不下藍白立委的胡作非爲，毅然交出全家五張罷免書。

也有一位母親，因爲半身中風，只能用非慣用手簽名，還擔心地問我：「簽得不好會不會被退件？」還有一位曾受益於民進黨推動同婚政策的臺商二代，他說：「我願意站出來，是因爲記得當初政府曾爲我們做過的事。」

每一位簽署人，背後都有一個原因。他們不是盲從，也不是跟風。他們以一張張罷免書，表達清楚的立場與決心。

在新加坡，因爲當地法律禁止參與任何涉及外國政黨或政治議題的活動，志工無法公開宣傳罷免活動，收件初期，有位定居新加坡的中國人在網路上檢舉了新加坡夥伴的貼文，還標記了當地警政單位，雖然此舉報並不被受理，但也讓新加坡夥伴深感不安，擔心影響居留與簽證資格，爲此他們更加低調小心的進行活動。因爲地緣關係，他們與南馬志工相約，在星巴克以「喝咖啡」爲名，放上一塊小小的注音立牌，用最隱晦的文字尋找彼此，用最被動的方式默默收件。

有一次，他們正照例在星巴克見面，突然接到一通急電。來電者是一位大叔，語氣急切地詢問收件地點。見到面後才發現，他其實是馬來西亞人，並不具備簽署資格。但他仍特地趕來，只因爲——他也關心臺灣、他也想盡一份心力。

這樣的舉動，讓在場的志工們都深受感動。

中國的惘惘威脅無處不在

終於來到寄件日，我們小心翼翼地封裝這封「承載著海外臺灣人希望的情書」，選擇最昂貴、最快速的空運方式送回臺灣，然而，快遞公司卻告知：無論選擇哪種等級的服務，所有信件都將經由中國轉運。

這正是我們最擔心的事。即使將包裹標記爲「機密商業文件」，仍無法避免途經中國境內。這不只發生在馬來西亞，越南與菲律賓也同樣如此。那一天，我們只能等待地球另一端，英國夥伴醒來，請她協助找出替代方案。同時也打遍其他快遞公司，結果卻無一例外：都會經過廣州集運才送回臺灣。

這讓我再一次深刻體會，罷免不只是臺灣內部的民主挑戰，更讓我看到中國如何滲透全球運輸與服務體系，甚至吞噬我們連結臺灣的每一條可能通道，無論身在世界哪個角落，好像都有中國的影子。

送出快遞後的兩三天裡，我幾乎一有空就打開貨態追蹤，緊盯著信件的位置，當畫面顯示包裹已進入中國境內，更是反覆刷新頁面，心中不停祈禱，希望它能儘快安全地轉運回臺灣。直到臺灣的收件志工回報信件平安送達，我懸著的心才稍微放下，這段時間的緊張與焦慮終於得到舒緩。

剩下的，就只有等待——等待中選會的公告，等待那個能否進入下一階段的結果，也等待我能否買下那張回臺的機票，爲我那小小多山的國家投下關鍵的一票。

葡萄媽媽

高譚市人，大罷免運動馬來西亞志工，帶著我小小的女兒，在我小小的花店收集來自馬來西亞各地的罷免書。

永遠二十八歲的媽祖們——
那些躍上第一線的女性志工

古碧玲

女性高舉手牌站在街頭的照片，應該要成為二〇二五年臺灣最具代表性的影像，畢竟在全世界的民主運動史上，從沒有那麼多老老少少的臺灣女性在街頭如此長期地「拋頭露面」過。

眼見立法院遭藍白立委挾持，舉手揮筆弱化國家動能與功能之際，女性從四面八方湧入，已願己力地付出時間、體力、智力、資源等，護衛生養自己的地土。這些女性志工身影也被自喻為參罷的「三號志工」——出力出錢的聯華電子創辦人曹興誠盛讚道：「這些女性志工都是活著的媽祖！跟天上媽祖呼應保衛國家、保衛子孫後代。媽祖是永遠的二十八歲。」

就人類歷史看來，「History」是His-story，「他」的歷史，男性的歷史。而改革或革命，被記載下來的主角也多數是男性，女性或隱身在後，成爲沒有名字沒有面孔的人。但女性總不時隱藏在男性後面，於重要時刻發揮關鍵作用。

解嚴後的臺灣，逐步邁入民主化過程，才見到二二八事件被槍決的畫家陳澄波其畫作大量横空「出土」，人們方驚覺臺灣曾有過這位集野獸派與印象畫派畫風，卻爲了這塊土地捨命的畫家；悉心爲他保留住每張作品的是其妻張捷，冒著一室幼雛與自己身家被株連的風險，爲先夫留下獻給這塊土地可觀的文化資產。而《春雨，424》紀錄片描寫一九七〇年紐約廣場飯店的刺殺蔣經國案，長期被隱沒的黃晴美才浮上檯面。她一路協助丈夫鄭自才與兄長黃文雄，刺殺用的槍也是由她帶到現場的，是這場未遂革命的要角之一，黃晴美本該是與夫兄並列臺灣民主運動史的革命家。足見女性的角色是何等重要卻長期被忽視。

史無前例的女力大爆發

回首二十世紀的八〇、九〇年代，正值臺灣社會運動的高峰期，由公民所發起的改革行動席捲街頭，陳情抗議的行伍間大多以男性面孔爲主，偶見幾位女性，印象會特別深刻。經過三十餘載，此次女力大爆發，我們可以看到臺灣女性站在第一線的堅毅剛強，當可說是史前無例。

事實上，女性並不缺乏覺醒力，只是受到社會情境約束，未能有所發揮。一旦解開社會的種種約制力，女性的爆發力未必遜於男性。這波大罷免常有人問起，爲什麼幾乎都是女性志工？我個人大膽推論，原因之一可能是威權教育的鬆綁與多元教育的啟蒙。

一九八七年解嚴，迄今三十八年間，歷經一九九一年十二月，萬年國會在臺灣終結；隔年，舉行第二屆立法委員選舉，立法院首次全面改選，臺灣從威權體制走向落實民主化。其後以威權史觀所編撰的教科書逐一被檢視翻轉，教科書開放去除單一版本教科書之下的一元化思想，學子們於自由的沃土中接受多元教育，培養出獨立思考。首批接受民主化教育的女性，從學齡六、七歲入學，正好是四十歲的世代往下，與這次大罷免的女性主力志工分布年齡最廣的三、四十歲不謀而合。當然，這世代也曾經歷過十年前反服貿黑箱作業的太陽花運動，或許也是原因之一。

二〇二四年五月十七日，在立法院外集結起來的「青鳥行動」，常見大批女性的身影穿進穿出於其中，轉化群集成這波大罷免浪潮的公民志工基礎。雖然未經客觀統計調查，但經我個人觀察，也詢問過數個地處北、中、東部的罷免志工團，所得到的答案是投入罷免連署和前後勤公民志工的比例，女性幾乎佔了七成到九成，其中還有相對險峻或容易遭到挑釁的區域更是女性高達九成的團隊，例如苗二選區、文山南中正選區。

有毅力、行動快速、靈活變通

「大部分是女性有毅力，因爲女性不只關心自己，更關心兒女未來。」曹興誠如此誇讚女性志工；二戰的戰地女性攝影記者李・米勒（Lee Miller）則說：「女性的反應比男性更快速，更能靈活變通。」而毅力、快速、靈活變通的特質恰恰都在這波大罷免的女性身上展露無遺。

就傳統的心理與社會分析，認爲或許是受教育和文化的塑造，多數女性具有：較敏感、共感力強、較易開放情緒、傾向協商、圓融表達、重視社群支持、語言釋放、關懷性、協調性、保守審慎等特質，這些特質幾乎放諸於女性志工頗有既視感；甚至還看到接受多元教育之後的女性，更勇於以自身所具備的正義感、果敢與擔當，挑起罷免事工，絲毫不讓鬚眉。

我也略略抽樣請教部分女性志工，包括整個地方被綿密把持上下其手多年、黑道陰影蘿罩、立委一做就是連續多屆、鐵板深藍都會等區，她們爲什麼會跳出來？

「在我嫁到這裡之前，賄選就跟鬼一樣，只有聽過沒有看過。後來，知道鄉間有一些眞實賄選的事情時，我驚得下巴簡直要掉下來。我很難理解爲什麼有人要把自己的票賣掉，我們不是生活在二十一世紀的臺灣嗎？我是眞心期待這裡可以成爲健全的法治民主社會，說起來簡單，做起很難，但是眞的是人性貪婪的挑戰！我們勇敢一次！不爲小利誘惑，不要拱手將立法權交給親中立委賣掉台灣。爲孩子守護臺灣一次。」

「沒有人是局外人！因爲當決定權被奪走，當一切變成少數人的遊戲，沉默，不會保護你，只會讓失望成爲日常。如果你也曾有過一絲不甘、曾想爲這片土地多做一點，現在，就是那個可以開始的時候。」

「我是因爲區域立委反對同志婚姻，身爲學校性別平等委員會委員，眞的看不過去他教壞小孩的做法，對他的印象一直很差。這次藍白亂政，他作爲國民黨橡皮圖章，沒有民意只有黨意，眞的沒把本區的選民放在眼裡，所以決定參加罷免行動。也因爲母親的角色，成爲我關心政治的契機，也是持續支持我面對罷免困境的動力。」

「我沒有生孩子，可是本來就很討厭那些問政都不出現，不用功、亂質詢、只會作秀的立委。現在更是把預算砍得面目全非，特別是保衛國家的國防預算也被砍得亂七八糟，實在是忍無可忍！」

「我的國家快要不見了，我得做些什麼。在街頭簽連署書時，親眼目睹志工遭受辱罵，回家馬上申請加入志工。」

「臺灣好不容易走到今天，我們可以自由要做什麼就做什麼，要說什麼話就說什麼；我去中國，不管他們的建設多偉岸輝煌，只要和當地朋友談起政治，他們都要壓低聲音，左顧右盼的，後來是完全不敢講，好像我們解嚴前，我不想再回去那種日子。」

爲自己和下一代守護民主沃土

從這些不太科學的訪談，可以整理出女性志工參罷初衷，分別出於監督、公共、公正、利他、護雛、保家護國、熱愛自由、對立委職責有期許等動機，其中有長期關心政治趨勢的，也有一邊施行癌症療程一邊投身罷業的，而據說首次參與公民運動的也有極高比例，「我所在的罷團裡，很多三十幾歲的女性連青鳥行動都沒參加過。」一位非常關心臺灣政治的女性透露她所觀察到的現象。

無論是否有孩子，女性較有母性，會護衛自己所有的，有較強的地域性，或許是一種刻板印象。但我們確實在這場公民運動裡看到當女性聚集動員起來，在自己所在的區域或是跨區投入，箇中不乏身懷絕技，甚至在職場上有一片天的她們，很快組織分配起來，調度人力、各就各位、發揮專長，加上細密的後勤補給；從訂定團名與罷免主訴求、背心制服、連署表、手板夾、各種文具、蛋捲桌、密錄器甚至帳篷等一一齊備。擅長文宣的製作標語手舉牌、架設網站、開設臉書、IG、Treads帳號以及宣講、找新聞點、撰寫新聞稿、聯繫媒體、開記者會、辦宣講會等大小型活動。

相較於男性志工，不管成家與否，女性志工不僅彈性運用自己的時間，在這段期間，甚至以罷業爲重。行動力超強地日以繼夜在街頭陸戰，扎扎實實收進一份份連署書，再經由造冊組一筆筆分里別輸入電腦，分冊並影印副本加以裝訂。該備妥的一切如期送往各縣市選委會，甚至因送件期間恰是春雨綿綿之際，女志工爲主的罷團還心思細密地逐一幫盛裝每個里別聯署書的紙盒穿上「雨衣」，用塑膠套確保每份連署書的乾燥無虞。

愈靠近送件截止日，愈來愈多的攻擊、騷擾、恐嚇與詆毀，甚至有些暴力行爲撲面而來，經媒體再三披露，也召喚出後進的男性。據一位艱困區的罷團女志工說：「我們的罷團男女比三比七，算是男性較多的，可能因爲這地區被攻擊的頻率比較高，經媒體報導後，愈來愈多男性加入。」不過，雖有男志工擔任維持安全角色，敢於站上街頭的女志工，不少人並不畏懼言語與行爲暴力，她們自認未必特別需要壯丁來保護，和平且理直氣壯地，以成長於民主自由社會裡的獨立女性之姿，面對汙言穢語的攻擊。

女性對於人際關係與權力分配普遍較敏感，原本陌生的人於相處一段時間後，不免會觸動某些神經；二階送件後，部分罷團紛紛傳出「分裂」消息，有些罷團志工之間激烈爭吵，這種分裂讓一直汙蔑罷團志工拿錢辦事、等待被罷的立委好似撿到槍一般。

事實上，這種種分裂，正說明了這次大罷免的志工們果然不是拿錢辦事、被政黨操控的「有料」走路工，人人都有自由意志。

這場足以列入世界民主史的大罷免，本來就是散兵游勇的非剛性組織，彼此不清楚對方的來路與本事。公民團體雖說無大臺、去中心化，最終仍得有核心決策群、發言人等角色，確實是有高度能見度的角色，足以讓聲名一夕鵲起。而罷團中不乏臥虎藏龍、頭頂一片天的人才，如何融入團體行列，把本來是將才的自己拿來當兵用，誰要服誰？誰又要聽誰的？憑什麼你說了算？有人認爲陸戰最重要；有人認爲必須由空戰制定打擊策略，帶動陸戰；最終難免引爆路線歧異、權力分配等問題。但若目標一致、未忘初衷，不和就趕緊如同蜂群分蜂般，迅速分隊，各自發揮所長，分進合擊，反倒可以多點打擊面。

女性站出來已願己力，莫論是公私理由，都是爲了讓國家體制校正回歸，期許能留一片美麗的民主沃土給自己或下一代。而這正是時時刻刻被強權孤立恫嚇下的臺灣民主生命力，一旦我們的生存遭到危難威脅時，就會像生生不息的野火，更新我們的林野，冒出的新苗，再度形成日益壯闊的森林，讓國際孤兒的臺灣雖歷經風雨飄搖，仍戮力屹立於太平洋上。

古碧玲

自許爲字耕農與各界局外人，雜看雜學雜讀，自己思想；喜歡獨處卻關注公衆事務的矛盾體，珍惜民主自由的行動者。既怕吵又過動，好美好奇好勝怕無聊，喜新戀舊。

先後任職於政經媒體、網路、廣告、基金會等。

超乎想像的公民運動網路串連 大罷免行動中，「許美華」不是一個人，是一個公民代號

許美華

在很多歷史事件，當你有幸置身其中，參與投入努力奮戰，在事件喧囂翻騰的過程中，你總是很難停下來好好思考，自正在經歷什麼。對我個人而言，十年前的反紫光行動是這樣，十年後的大罷免公民運動，更是如此。

前後十年，何其有幸，這兩場運動我都沒有缺席。事實上，十年前的反紫光行動，我當時攜手一小群戰友，是主動積極的把事情攬在自己身上；然而，參與這場註定會改變臺灣公民社會樣貌，成為臺灣民主發展史重要里程碑的大罷

免運動，對我卻是一場奇幻的意外。一個不是眞實世界名字的臉書帳號「許美華」，竟然在網路世界莫名打造出大罷免課金平臺，成了許多前線志工罷團的後臺補給站，這是我始料未及的事。

我曾經很困惑，不知怎麼描述自己在大罷免中的角色。後來，新北選區廖先翔罷團志工Gino有一天跟我說，「你就是罷團的Hub倉」，一語道破，聽到當下忍不住笑出來。簡單易懂、聽起來又很有趣；沒錯，「許美華」在大罷免運動，就是個Hub倉。

罷團的Hub倉

從事硬體科技業或傳統製造業的朋友，聽到這樣的形容方式，大概都會會心一笑。Hub倉的意思，就是大型製造公司每天必須從多家的供應商，收進生產所需的各式料件；爲了管理方便，他們會準備一個大型倉庫，要求各供應商把不同的料件都運送到倉庫暫存；因此，公司內部不同的生產單位，就可以根據自己的需求，自行到倉庫各自取料。具備這樣功能的倉庫，業界就稱爲Hub倉。

大家可能會好奇，「許美華」就是個平常不過的個人臉書帳號，還是個菜市場名，是如何變成大罷免課金的Hub倉？其實，這是一連串意外的結果，不是我去規畫運作出來的。這個課金平臺的形成，跟大罷免的歷程很類似，一開始沒人期待能走多遠，但一路且戰且走，最後卻是一階三十五比〇，二階三十一比〇！其中的奇幻莫名感很相似。

不是事先計畫好的旅程，最後卻走出意想不到的風景。這是我心目中，這次大罷免最值得書寫的面向。

反對方一直把大罷免導向爲執政黨所發起、運作。其實，只要是稍微關心大罷免運動、有點觀察力的人就會知道，這場運動的主軸是一群來自四面八方的自主公民，他們幾乎都是政治素人，沒有事先約好，甚至互相都不認識。但出於堅定的共同意志，這群數量龐大，來自百工百業的人，個個化身爲志工，各自在自己的選區串聯，針對不同立委，組成了各自獨立運作的罷免團體。

所以，你會看到有些選區罷團志工意見不合，會吵架、甚至會分手。但神奇的是，因爲心中懷抱共同的信念，罷團志工即使分道揚鑣，都還是各自分頭努力，朝著同一個目標繼續前進。這場大罷免運動非但不是政黨主導，連常見的政治社運團體都沒什麼著墨空間。「去中心化」，就是二〇二五大罷免運動最獨特的風貌。

而我參與、見證的課金大平臺，其中的無數故事，正是這場公民運動去中心化本質與精神的寫照。這是一場沒有大臺、沒有主角、沒有政治明星的盛會，每一個人都可以有他自己的角色，每一個人都可以有貢獻，只要你願意出錢出力出聲、只要你願意站出來。

「許美華」課金平臺，就是讓那些願意出錢，但沒有時間出力的人，有一個出錢的管道；也讓那些願意出力，但需要資金支援的罷團志工，有一個尋求金援的窗口。「許美華」課金平臺流程簡單，卻透明有效。沒有大臺、主角、明星的指揮號召，課金供需雙方都是自主參與，卻意外彙集了空前能量，在這場史無前例的公民行動中，默默成爲大罷免行動軍火糧草的後勤補給推手。

我們每個人都是V怪客，沒有名字，沒有露臉。在需要救援的時候，我們就站出來；行動結束，V怪客又隱身消失，各自回去士農工商。

從「許美華」臉書的由來講起

「許美華」課金平臺，就是在這個背景下發生的故事。但在繼續這個故事之前，可能需要先交代一下「許美華」臉書帳號的由來，而這又得從二〇一五年的反紫光運動講起。

任何牽涉金錢的平臺，包括銀行、保險公司等金融機構，運作要順暢、成功，最大的關鍵是「信用」；同樣的道理，要成爲罷團志工跟課金粉絲的互通平臺，最重要的要素，叫做「信任」。很弔詭的是，「許美華」是個沒有眞實身分的網路人設，大家連我的本名、長相都不知道，如何會對「許美華」產生信任？

這問題我問過自己無數次了。左思右想，我自己猜測，粉絲對「許美華」的信任，最可能是來自於十年前的反紫光事件。

其實，「許美華」的臉書帳號，在二〇二二年下半年之前，從來沒有認眞發過文。帳號基本上沒有追蹤人數，臉友也屈指可數，都是我的近身親朋好友。

二〇二二下半年發生了一件驚動臺灣產業的大事。當時疫情肆虐，半導體晶片大缺貨，全世界猛然驚醒，原來臺灣半導體產業鏈，對全球政治經濟有如此巨大的關鍵影響力！因此，向來低調的台積電，其位於美國亞利桑那的第一座半導體廠即將舉行的上樑典禮，突然成爲衆所矚目的大事，後來美國總統拜登跟許多美國科技巨頭都親自出席了那場盛會。

就在這些重磅新聞的背景下，臺灣半導體產業跟台積電赴美投資，開始成爲資訊戰針對的對象；「供應鏈去臺化」、「台積電赴美設廠掏空臺灣」、「台積電變成美積電」，一連串的輿論攻擊鋪天蓋地而來。面對每天荒唐無稽的各種謬論，我實在看不下去，忍不住想寫文章反駁。而當時我手邊只有在臉書上的「許美華」一個社群帳號，於是就開啟了「許美華」一連串的認眞發文，一開始寫的都是針對半導體資訊戰的戰文。

剛開始的貼文，觸及當然少得可憐。沒想到，在很短的時間內，「許美華」的追蹤人數就快速爆發；這要歸功於我在反紫光運動的戰友，成大電機系的李忠憲教授。

忠憲跟我，是十年前一起反對中資入股臺灣ＩＣ設計的戰友。當年反紫光是大逆風，反得很辛苦。我們私下自嘲自己是「奇怪的遊說團體」，簡稱「奇遊團」；因爲我們這一小撮人眞的很奇怪，沒有人在爲自己的個人利益說項，不知道爲什麼要拼得那麼辛苦？雖然反紫光行動最終成功收場，然而當年反紫光戰役中，發生了許多不爲人知的轉折與故事。由於事涉不少還在檯面上的人物，於是，奇遊團戰友當年互相承諾保密，永遠不對外公開紫光被擋下的過程，大家一起把祕密帶到墳墓裡去。

保密多年之後，隨著攻擊臺灣半導體的資訊戰來得又急又猛，奇遊團戰友們開始思考，應該要把當年反紫光行動的論述和始末說出來。因爲，雖然經過這十年，紫光已經宣告破產、當年的主事者趙偉國也因爲掏空紫光而鋃鐺入獄，在中國被判死緩，但是，當年「反紫光、守護臺灣半導體命脈」的戰役，顯然還沒有結束。

於是我們奇遊團，除了我之外，還有成大電機系教授李忠憲、張順志、臺大電機系教授林宗男、陽明交大特聘教授也是國家資安院院長林盈達、一位重量級媒體人、還有最後親自出面，當面說服小英擋下紫光的業界大哥 X 先生，大家一起決定不再保密；相反地，我們要努力爲臺灣社會留下當年反紫光的歷史紀錄。就是在這脈絡下，「許美華」開始寫反紫光事件的系列文。

回到爲什麼「許美華」臉書的追蹤人數，可以在短時間內快速爆發？其實是因爲，當我在二〇二二下半年開始認眞寫半導體戰文跟反紫光故事的同時，忠憲在他自己的臉書用力推「許美華」。可以說，「許美華」一出道就站在巨人的肩膀上，雖然「許美華」帳號目前也不過只有八萬不到的追蹤人數。

關鍵是「信任」

爲什麼講大罷免課金平臺要回頭去連結「許美華」寫反紫光？就是因爲事關「信任」這兩個字。

臺灣人很容易相信別人，但是，要把錢交給一個陌生人，還是一件需要小心的事，更不要說，其中許多課金都是以萬、十萬、甚至數十萬做單位的大錢。

在網絡世界，粉絲對任何帳號的信任，都不是一夕之間發生的。看到這麼多人，願意把大筆大筆的錢，透過網路，放心交給「許美華」全權安排，到現在，我還是覺得很驚奇。我只能猜想，最大的可能是，「許美華」當年參與了反紫光行動，幫忙守護了臺灣半導體ＩＣ設計產業，所以可能課金粉絲覺得「許美華」是可以放心交託的人，即使幾乎所有粉絲都不知道「許美華」的眞實身分。

寫臉書兩年多以來，不管我發什麼內容的文章，總是經常看到粉絲來留言，感謝奇遊團當年站出來擋下紫光、守護臺灣半導體。「反紫光」，可以說是粉絲跟「許美華」相認的通關密語；現在，我跟粉絲之間，又多了一個通關密語，就是「大罷免課金」。這是觸動我內心最深處的連結。

粉絲對「許美華」毫無保留的信任，是這整個故事最美好、最讓我感動的地方。坦白說，粉絲的信任，是動力，但同時是壓力。捐款最怕所託非人，甚至錢的去向不明；所以我必須確保，每一筆課金都乾乾淨淨、清清楚楚。這不但是對課金粉絲負責、對罷團負責，更是我自己對整個大罷免運動負責。

課金大平臺的緣起

二〇二五年一月十四日，我第一次發文寫到ＬＥＤ宣傳車。當天我的瘋狂粉絲肯尼和他的一群夥伴，發起這次大罷免全臺灣第一臺ＬＥＤ宣傳大卡，在臺北轟動上路。立即有粉絲私訊我，說他們也想要課金，提供ＬＥＤ宣傳車到其他罷團選區。

這是「許美華」莫名成爲罷免課金大平臺的緣起。

我們隨即在臺北送出第二臺ＬＥＤ宣傳車。很快，我又收到來自勇敢苗栗女生Ami的私訊，她說在地苗栗人正在籌畫苗栗兩區的一階提案，同時揪團租ＬＥＤ宣傳車，但是可能無法籌到足夠費用，來跟我求援。這是我跟Ami結緣的開始，我們很快搞定苗栗罷團的ＬＥＤ宣傳車，Ami後來也成爲苗栗第一選區罷免陳超明的領銜人。

一段時間之後我才知道，當時Ami正在接受化療。我無法想像，一面在化療，同時又領銜衝刺大罷免，這是多麼強大的勇氣和意志力！

從支援LED宣傳車的課金起步，後來平臺在超過二十個選區，支援罷團的各種不同費用，包括LED宣傳車、傳統宣傳車、在地罷免連署據點租金、廣告看板、造勢活動場地和現場舞臺、音響、帳篷等各式設備、連署書與文宣品印製、派報發送人工、回郵信封連署包、志工服、遶境結緣品等等。三階起跑後，課金粉絲還繼續支援上述各式罷團費用，也支援一些跨區造勢活動，包括盛大的全臺罷團大遶境、花蓮誓師大會等。

另外，我要特別強調，課金大平臺從來沒有支援過以下這些費用：志工每天兩千元的走路工費用（媒體報導的國民黨行情）、一份三元、五元不等的連署書抄名單費用（也是國民黨行情）、還有這回爆紅的眼藥水費用（當然也是國民黨）。我知道的罷團志工很多，他們出門當志工，不但不領錢，還自帶便當，沒有任何人付他們誤餐費或車馬費（當然熱情民衆的各種餵食從來不缺）。出力之外，不少志工也自己也出錢支付罷免經費；我就碰過好幾次，罷團志工自己揪團租宣傳車、掛看板、印文宣、印連署書，直到資金吃緊，實在難以負荷，才來我的平臺尋求粉絲支援。

國民黨和許多藍白支持者，不斷惡毒羞辱罷團志工都是領錢的。這不知道是惡意中傷，還是他們眞的認爲如此？一個自私自利的群體，或許眞的沒有看過不拿錢做事的人。他們可能無法理解不爲私利的高尙人格，不相信人性有利他的價値選擇。

連課金都需要排隊

在各地三階起跑前後，透過「許美華」平臺，累計已經提供了數百筆、總金額超過一千五百萬元的課金；參與課金的粉絲高達數百人，還有超過百位粉絲至今還在繼續耐心排隊等候。最抱歉的是，還有近百位粉絲發給我的課金報名私訊，到今天都還呈現未讀狀態。因爲參與者太踴躍、平臺上需要處理的事務太多，我實在分身乏術，眞的還沒時間一一回覆。

在「許美華」課金大平臺，我是唯一的「員工」，就是校長兼撞鐘。我必須時時在課金粉絲和罷團之間來回聯繫。老實說，這是非常瑣碎繁雜的工作。但是，因爲牽涉到錢，我一直提醒自己謹愼小心，不可有任何懈怠輕忽。

具體來說，在長達半年多的時間，「許美華」課金平臺日常的運作模式和流程大致上是這樣的：

首先，我幾乎不間斷的持續接收整理來自衆多粉絲的課金意願、以及來自各地罷團的課金需求。通常，課金粉絲會透過私訊，讓我知道他們的預算、優先區域和用途（雖然大多數粉絲都授權「許美華」全權處理）；而罷團則會提出包含明確用途的課金需求、廠商安排和報價單。收到需求後，我會跟罷團來回核對用途、金額和細節安排。

罷團需求一旦確認，我就會回頭去查自己的粉絲課金筆記本，一筆一筆去找到最合適的課金對象。最理想的狀況是，一位粉絲買單一筆費用，不行的話，我通常就設法揪團幾位粉絲一起負擔一筆費用。

課金平臺和罷團都不會接觸到錢

一切都確定之後，我會根據罷團提供的廠商報價單匯款指示，請課金粉絲直接匯款到廠商帳戶，廠商收到錢後，就依約將相關物品運送到罷團指定地點，罷團簽收的同時，廠商也將發票或收據直接寄給支援課金的粉絲。一切就緒後，我會自己記錄存檔該筆課金明細內容。

整個流程中，有個非常關鍵的要點：「許美華」課金平臺和罷團都不經手錢，也沒有任何機會碰到錢。

所以，我們和一般的公眾集資募款有本質上的差異。公眾募資一定會有募款專戶，既然有專戶，就可能產生資金沒有使用完的結餘。我們不經手錢，當然不需要募款專戶，也就永遠不會有帳戶結餘。

既不經手錢，又不可能產生結餘，而且我會確認每一筆需求都合乎行情、每一筆課金都銀貨兩訖、當下結案，所以也不用擔心有人上下其手、人謀不臧。

講起來很搞笑，雖然我每天接觸最厲害的科技產業，我的課金平臺用的卻是最原始的管理辦法。這個平臺沒有ＡＩ人工智慧，只有「許美華」的工人智慧。

其實我也想過善用現代科技。甚至，曾經有幾位年輕軟體工程師粉絲，大概可憐我每天焦頭爛額、手忙腳亂，善意的想來幫忙，協助我的平臺導入軟體系統。但仔細討論後，我們最後決定放棄。放棄的原因說來話長（以下省略八千字），癥結在於，這個機制原始而簡單的課金平臺，「信任」是一切運作的基礎，而「信任」是人的問題，科技很難取代。

我曾經發文寫過，自己在課金平臺的角色像千手觀音。說來有點難爲情，其實我的日常作業並沒有那麼優雅，需要處理的雜事眞的太多。隨便舉幾個例子，在廠商報價時，我必須問他們能否開發票，還是只能開收據？一筆課金準備結案了，我得回頭問課金粉絲，發票要不要統編抬頭？要寄到哪裡？收件人是誰？還發生過發票統編或金額打錯了，必須重開重寄。還有粉絲太可愛，明明報價單上給的是折扣價，課金粉絲覺得人家廠商賺錢也不容易，自己決定匯原價，甚至自己再加碼匯整數；這時候，無奈的我，就得去協調廠商退款或當作下一筆的預付，類似情況還發生過不只一次。

總之，面對課金各種疑難雜症，我一律用「許美華」工人智慧去處理。

不過，在這個原始而簡單的流程之下，課金粉絲都淸楚知道他們的錢被花到哪一個罷團的哪一筆用途，罷團也完全掌握是哪一位粉絲大德提供了哪一筆課金。除了罷團會自己發文感謝課金粉絲之外，課金平臺也要求罷團儘可能在使用的物資上，載明課金粉絲的名字。這些都是爲了對課金粉絲負責，也爲了對內對外的誠信透明，同時保護大罷免運動。更重要的是，我們需要防範那些抹黑罷團資源都是來自執政黨的攻擊。

有趣的是，幾乎所有課金粉絲一開始都婉謝具名，常常是經我再三請託說明，才同意提供名字；結果絕大多數課金粉絲都選擇使用化名，例如電子業退休粉絲賴桑、電子業蔡先生、台積電M先生、臺中青鳥媽媽、Amo（說是家中寵物名字）……。課金粉絲人數實在太多，每一位我都由衷感謝，請原諒我無法一一列舉。

前面提到的LED宣傳車，在這次大罷免被大量使用，應該許多人都有看到醒目的LED車在各地四處穿梭。目前爲止，以一週當作一個車次計算，「許美華」平臺在多個選區，總共安排了超過五十車次的宣傳車，這其中大部分有LED，也有少部分的傳統宣傳車。其實，LED宣傳車不但相對昂貴，而且前置作業繁瑣。要特別感謝網路媒體《沃草》，無償幫助好幾區罷團，製作專屬的ＬＥＤ宣傳車所需文宣影片；臺中志工歐文也花了許多時間幫忙罷團聯絡宣傳車，是我的宣傳車小天使。

還有ＬＥＤ車的大天使肯尼，他不但是這次大罷免ＬＥＤ宣傳車的「始作俑者」，後續也一路協助安排各地宣傳車；肯尼甚至和他的夥伴團，設計出晚上會往天空投射雷射光的「光束車」，以及幽默搞笑的傅崑萁徐巧芯專屬人形車，也就是許多罷團志工笑稱的「秦檜車」或「中指車」。

感人插曲天天上演

揪心的故事眞的說不完。當宣傳車廠商司機調派不及的時候，居然就有具備所有專業駕照的粉絲挺身而出，緊急支援。甚至有宣傳車廠商跟司機大哥，在農曆年假期間，義務幫我們加開了四天，完全無償！我們是意外在臺北街頭看到變形金剛帥卡出現，才知道他們犧牲假期，用自己的方式也在投入大罷免。

類似的感人插曲，在「許美華」課金平臺上幾乎天天上演。

每天都有收不完的粉絲課金私訊。很多粉絲經常跑來問，「你是不是忘記我了？」「輪到我了沒？」「好焦慮好想幫忙！」當粉絲們終於等到我轉達罷團的課金需求時，典型的反應是「好開心好感動」、「終於可以課金了，都快哭出來了」、「終於參與到了，整天走路都有風」。課金粉絲會不斷謝謝我給他們參與大罷免的機會（奇怪，錢是他們出的，應該是我謝謝他們，不是嗎？）。

還有一位粉絲說他想課金一個月薪水五萬，我心想他應該是年輕人，這樣會不會負擔太重？結果他態度堅定，還跟我分享他找前女友簽連署書的好笑過程，其中一位還眞的簽了。

在這幾個月的過程中，還發生了全球股災。那段時間，我聯絡粉絲課金時，都小心翼翼：「股災還好嗎？有沒有受傷？大家量力而爲……」結果，每位粉絲都毅然決然：「多少都有受傷啦，但該出的錢還是要出！」

其中有位小額課金粉絲，本來承諾預算是五千元，後來他匯出四千五百元，跟我說最近股災受傷眞的不好意思。看著那則爲了少出五百元跟我抱歉的私訊，眼淚快掉下來。每次看到小額課金粉絲私訊很不好意思的問我，「幾千塊這樣可以嗎，會不會太少？」我都很揪心。怎麼會少呢？每一個臺灣人願意站出來出錢出力，匯集起來，就是無比的力量啊！

無論金額大小，我都由衷感謝我的課金粉絲，更希望能盡量幫粉絲把心意送出去，送到各地罷團志工的手上。因爲，這場空前的公民運動，動員愈多人就愈可能成功。每份課金都代表一個堅決的意志；衆志可以成城，因此，我非常珍視每一位粉絲的心意。

於是，當我收到中二顏寬恒選區核心志工說罷團需要小額課金，還有臺大歷史系周婉窈教授，幫中三楊瓊瓔選區罷團求援，說他們造冊需要小額課金的時候，我真是太開心了，連忙把幾十位小額課金粉絲轉介過去。

但是，實話是，愈大的課金預算愈好用。例如每筆二十萬左右，一次跑七天的ＬＥＤ宣傳車，如果揪團太多位粉絲，聯繫作業會變得很複雜。

有一次，一位年輕女生 Ivy 跟我說她想出三萬元贊助宣傳車，還很認真的問我，一臺宣傳車費用是多少。我很快跟她解釋，傳統宣傳車比較便宜，但缺點是資訊呈現有限、文宣內容不方便更新、晚上效果較差等等；ＬＥＤ宣傳車優點多，但就是比較貴。我也告訴她不同噸數ＬＥＤ宣傳車，跑七天大概費用多少等等。然後，我就委婉請 Ivy 考慮，是否先支援中二顏寬恒罷團的小額課金，同時幫她跟中二志工團連上線。

沒想到兩天之後，中二志工獸醫 Tina 的一句話快把我笑死：「姐，二十萬在你們家算小額課金喔？」「貧窮限制了我的想像！」原來，Ivy 真的去跟中二罷團聯絡了，而且之後劇情超展開。

Ivy 聽我說中型 LED 宣傳車跑七天大約二十萬，她就在家族群組揪團，馬上阿公說二十萬他來出，這就是爲什麼中二選區第一臺 LED 宣傳車上，出資人寫的是「臺北陳阿公」。

我想到島嶼天光的歌詞：「天色漸漸光，遮有一陣人，為了守護咱的夢，才做更加勇敢的人。」冥冥之中，似乎有股看不見的力量，總是在背後默默祝福、看顧著這一群不願認命服輸的臺灣人。

原來網路時空跟眞實世界是可以聯通的。你不需要在眞實世界認識我、知道我是誰、看過我的樣貌；只要我們彼此有共同的信念、有想要守護的共同價値，我們就可以透過網路快速串聯，跳脫眞實世界人與人之間的藩籬和阻隔，一起完成不可能的任務。

前後十年，反紫光和大罷免運動的對照

反紫光和大罷免，這兩場運動有相同的本質，都是面對中國的強大壓迫，努力守護臺灣主體價值；但兩場運動的樣貌卻截然不同，也讓我經歷了截然不同的兩段奇幻旅程。

在反紫光運動，我擁有一小群彼此高度互信、理念相通的生死戰友。然而，當時我們反對中資入股臺灣ＩＣ設計，是逆風的少數意見。在當年行動的過程中，奇遊團戰友們非常孤單，常常有四顧茫然的無力感；那種蒼涼孤寂，現在回想起來，還會覺得悲傷。

十年後的大罷免，我在無意中入陣，但是這回比十年前好太多了。不再蒼涼孤寂，我每天接觸的都是熱血的罷團志工，還有我可愛的課金粉絲。

雖然投入大罷免很辛苦很累，但是在焦慮中，我每天還是覺得自己很幸福。因爲，這回我有成千上萬的戰友。

我們雖然不認識彼此，但是我知道，在都會街頭、在鄉間小路、在遙遠的山邊海濱，如果哪一天我們的家園面臨危難艱險，就像這次的大罷免一樣，我們一定可以找到彼此。我們永遠都在！

許美華

喜歡貓，討厭人。不是本名，是個人臉書帳號，從二〇二二年秋冬開始寫臉書。上世紀是財經媒體人，本世紀跨入半導體產業。十年前參與反紫光運動，在「奇遊團」擔任掃地僧；十年後投入大罷免，以課金平臺支援罷團，還是掃地僧。

輯三

文化界自發行動

（陳世瑋　提供）

文學人可以成爲更有能量的公民嗎——記「二〇二五 主張罷免不適任立委，是我們的義務」作家連署始末

朱宥勳

文學作家連署的起點

二〇二五年一月下旬，楊双子在一個群組內，貼出一份「臺灣文學青壯世代創作者連署聲明」草稿。這個群組由一小群作家組成，主要的共通點是「跟同一位教練健身」，我們通常在這裡交換健身教練不會希望我們知道的美食資訊。也因爲彼此相熟，我們也常常討論政治話題。楊双子草擬的這份聲明，正是二〇二五年上半年，臺灣文學作家史無前例聲援大罷免運動的起點。

我躬逢其盛，有機會親身觀察整個串連活動的成形，不但見證了作家們努力發聲、介入現實的意志，也參與了此一政治行動自我修正的演化過程。粗略來說，整個連署活動可以分成兩個波次：第一波是一月下旬到二月上旬，由楊双子草擬聲明主文之後，透過作家之間的人際網路私下串連；第二波則是三月下旬到四月初，因應大罷免運動的擴大，公開徵集更多作家加入。兩波次的理念大致相同，但做法完全不同，正好展現了作家們──作爲公民的一環──在行動中調整策略，逐漸「政治化」的軌跡。

首先是第一波。大約在一月二十四日左右，經過幾輪討論，楊双子草擬的聲明主文定稿，大家開始以這份主文爲基礎，分頭邀約願意連署支持的作家。經過兩週左右的私下串連，我們在二月十日公布了「二〇二五　主張罷免不適任立委，是我們的義務」聲明，共計有四十位領銜人、一六一位連署人，共計二〇一位作家連署支持。這一波連署，有兩個「出乎意料」：一是作家響應之熱烈出乎意料，即便連署時間很短（中間還夾了年假）、以「老鼠會」一個牽一個的模式進行，仍然迅速簽出一份漂亮的名單；二是聲明發出之後，媒體效應出乎意料，平路、吳明益、九把刀、黃麗群等不同世代、不同路數的作家名列其中，成功吸引許多記者報導，也將「支持罷免」的訊息擴散到不同的讀者群中。

在第一波的連署裡，我認爲最有趣的設計，是邀請作家塡上一本自己的「代表作」。作家之所以熱情支持罷免活動，與藍白兩黨立委對文化預算無差別的刪凍有關。這不僅僅是「錢的問題」（事實上，許多作家早就不需要政策補助了），更是因爲這些舉措，再次展現了藍白兩黨對臺灣文化的漠視與惡意。因此，在連署名單後面附上「代表作」，不但有「亮出身分證」的意味，也有「火力展示」的意味，訴諸的不只是作家的數量，也是文化實力的累積，與文化上的正當性。

不過，此一設計也是經過辯論與變更的。在最初的設想裡，除了「代表作」，我們也希望領銜人附上「代表獎項」。對於作家同行來說，我們並不需要「金典獎」的頭銜，也能知道平路的份量。但若要與社會大眾溝通，用一排金光閃閃的「某某獎」來壯大聲勢，讓媒體多一些可以報導的「哏」，似乎也是策略之一。然而，有作家認爲羅列獎項太強化階層高低，不符民主精神，幾經討論，最終刪去了「代表獎項」的欄位。類似的細節還有很多，在此不一一點出，只是由此說明串連作家連署的不易與難得之處：成百上千的連署人，各個都精於文字、思慮多元，要整合所有人的想法而取得大致的共識，若非楊双子如此謹愼且耐煩的特質（這在文學人中並不常見），恐怕很難「安全下莊」。

再度整裝出擊：第二波行動

即使如此，第一波連署仍然有若干考慮不周之處，促成了第二波的策略修正。第一個問題是，我們沒有預料到媒體效果那麼好，所以完全沒有後續的新聞聯絡安排。連署聲明於二月十日發布，恰好是「各大罷團第一階段送件」與「臺北國際書展熱鬧落幕」之後。當初選此時間，是想要稍微避開文學讀者與政治

「同溫層」的話題熱點，在空窗期助攻。但事後看來，這一時點反而有了打鐵趁熱的效果。但不巧的是，楊双子早已排定在那幾天飛往美國，跑甫獲獎的《臺灣漫遊錄》英文版新書宣傳。也就是說，當媒體效果發酵，各家記者想要訪問活動發起人時，全部都找不到楊双子。於是，記者只能從連署作家名單中，挑選有興趣且找得到的人來聯絡，場面有些混亂。

隨之而來的，是第二個缺憾。作爲政治立場鮮明、時常發表議論的連署人之一，我也收到了若干記者的邀訪。其中有位記者，問了一個讓我支吾不過來的問題：

「在發布連署名單之後，你們還有後續的行動嗎？」

嗯，當然沒有——光是私下串連，得到那麼多作家響應，就已經超乎我們的想像了。當我們滿腦子想著「希望有夠多人願意表態」這個短淺的目標時，自然不可能設想下一步。對此，我至今仍覺得深深羞愧，也深深感謝這位記者。

他並非無的亂問，是有比較基礎的：隔壁棚的影視圈雖然沒有公開連署，卻有數十組團隊無償投入大罷免運動的廣告拍攝，並且確實拍出許多震撼人心的短片。相較之下，文學人是不是太保守也太便宜行事了呢？

簽個名就夠了嗎？

我帶著這根心上的肉刺，就這麼來到三月中旬。此時，大罷免運動進入第二階段，各地罷團舉火進擊。就在這時候，楊双子再次詢問幾位朋友的意見：是不是有必要再開第二波作家連署，以呼應愈加激烈的局面？

這就是三月二十日啟動，三月三十一日截止的第二波作家徵募。有了第一波的經驗，第二波的準備稍微周全了一些：一開始我們就擬定了「放寬資格、擴大徵募」的方針，以補濟第一波連署「老鼠會」模式的人際與視野死角。其次，不能再發生記者找不到人，錯失表達理念機會這種失誤，一開始就設定了新聞聯絡人，也決定四月二日在立法院召開記者會。最後，我們策劃了「筆桿接力罷免到底」的創作串聯活動，作爲「連署名單之後的行動」，讓作家們的能量不止停在表態，更能以拿手的文字來投入「空戰」——不只是名字後面附上代表作，更要在這場運動中，繳出具有文化意義的作品。

於是，楊双子正式成立了「發起小組」，分頭處理各項事宜。楊双子仍然負責連署徵募，並且聯繫插畫家，製作連署進度報告的宣傳圖卡。主辦「獨書祭」的洪沛澤帶著他的精銳團隊，負責視覺設計和記者會的籌辦。洪明道負責台語、客語版本的聲明，聯絡合適的執筆者；李奕樵提供了各式各樣的資訊科技的協助，讓我們脫離手工核對、複製名單的蠻荒時代。我則主抓「筆桿接力罷免到底」的創作活動，負責宣傳與收錄作品。大致分工如此，此外還有延伸出去許多具名或不具名的協助，在此無法盡數，由衷致謝與致歉。「發起小組」的運作，讓我們體認到「去中心化」和「必須有人負責」的權衡。前者是民主參與的崇高理念，後者是繁雜事物能向前推進的必須，唯有小心平衡，才能自由、效率兩不誤。幾乎是體驗了一回奈米尺度的「自由的窄廊」。

以筆鋒捍衛創作自由

第二波連署再創紀錄，最終獲得一〇四四位作家簽署，包含許多第一波因爲少用網路或其他因素「來不及上車」的作家們。而在接下來的整個四月，「筆桿接力罷免到底」*收錄了三三〇件小說、新詩、散文等各式作品。連署人數空前，不僅是臺灣文學史的紀錄，回應了臺灣文學「介入現實」的傳統，在世界文學的歷史上，恐怕也不多見。「筆桿接力」大量湧出的作品，是創作者們在表態之外，更深層的溝通與行動，嚴肅與通俗、呼籲與反諷、誠懇或批判，蔚然可觀，以豐沛的創作能量回應藍白立委：文學人有強烈的意志，不是你們可以用來當作政策攻防的，可任意割棄的籌碼；我們護持民主自由的體制，也是爲了守住這得來不易的創作空間，不被中國的威權體制所染指。

或許，最能鮮活展現這一連串行動之性格的，當屬四月二日在立法院的記者會吧。楊双子在記者會前就傷透腦筋：究竟要不要發信給所有作家，邀請他們與會呢？若是都邀請，現場沒有那麼多發言時間，讓作家們默默來、默默走，

*「筆桿接力罷免到底」網站

顯然頗爲失禮。然而若不全體邀請，又難免落入「大小眼」或「中心化」之譏。隨後，楊双子寫了一封再三斟酌的邀請信給所有作家，說明「不見得有發言機會，請大家見諒」。記者會當天，一共來了四十多位作家，盛況驚人，但更驚人的是大家不分輩份，遵從主辦單位的安排發言或不發言，甚至齊聲喊口號做畫面給媒體記者。現場主持人是「寶島少年兄」節目的宜蘭，他善體人意：「我知道作家們都很I，但口號還是要喊喔。」口號喊完，他還不吝誇獎如釋重負的作家們：「大家很棒！」

不得不說，文學圈有著長遠的「敬老尊賢」傳統，與民主運動的平等氣質是存在張力的。哪怕不「敬老」的人，對於寫下經典作品的前輩，也難免「尊賢」之心。就連我這麼橫衝直撞的性格，對於無法安排每位作家上臺，也是滿心愧疚、一路道歉。就舉我印象深刻的一例代表吧：蔡珠兒老師幾乎是最早抵達會場的作家，始終態度嫻雅，不分前輩後輩，認眞與每位到場的創作者交流。當天沒能安排他上臺發言，我深深覺得可惜。但蔡珠兒老師毫不掛意，記者會結束之後，很快就分享了報導，瀟灑地留了一句：「哇，我寫作四十多年，今天眞是開眼界了。」態度之雍容大方，令人難以忘懷。

不可諱言，作家多少帶有自我中心強烈、不容易與人共事的創作者性格。這也正是二〇二五年，文學人集體聲援大罷免運動的珍貴之處。爲了保護共有創作環境，我們不再迴避政治，不再將文學視爲精巧纖弱的美瓷，而是能夠介入社會的劍與杖；也在這一過程裡，我們開始「政治化」，如同所有公民一般學習如何與其他公民溝通理念，辯論、協商與修正。

在我落筆的此刻，我們還不知道大罷免運動會迎來什麼樣的結局。然而，經此一役，我對臺灣文學的未來，又更添了幾分信心。未來的人們回看此時，或許會這樣說吧：有些改變，是在此時啟動的，不管是臺灣，還是文學。文學與社會的互涉互伴，將不只是祈願，而是眞正在實踐裡成形。一整個參與過大罷免運動的世代，也將帶給我們完全不一樣的文學。

朱宥勳

畢業於清華大學人文社會學系、清華大學臺灣文學研究所。曾獲金鼎獎、林榮三文學獎、全國學生文學獎、台積電青年文學獎。已出版小說《誤遞》、《堊觀》、《以下證言將被全面否認》、《暗影》、《湖上的鴨子都到哪裡去了》，評論散文集《學校不敢教的小說》、《他們沒在寫小說的時候：戒嚴臺灣小說家群像》、《他們互相傷害的時候：臺灣文學百年論戰》等。

從筆桿接力到走上街頭

李靡靡

我投身罷免活動的開端

儘管我的政治啟蒙是在研究所時跟著老師走上街頭，也在某臨時組織裡當過一年不太行的助理，我卻總是認定自己不適合參與社會運動：我怕吵怕擠怕熱怕冷，人一多就靈魂出竅，去年青鳥運動如火如荼之時，每次到現場都堅持不了一小時，根本是去拿條頭帶就回家了，自己都很心虛。在網路上我也不擅長跟人說理（吵架），就只會轉發，很廢。然而在今年（二〇二五年）過年前，我得知朋友的朋友楊双子、朱宥勳等人正在醞釀臺灣文學作家連署，我立刻熱血報名了。反正我從來沒想去中港澳旅遊，接案也不靠中國，出個名字就能削減使不上力的良心不安，如此便宜之事，當然要跟上。

衝動上車坐下以後，我才開始著慌，怎麼前後左右的乘客加司機全都這樣大名鼎鼎啊！我號稱是「通俗」文類作者，知名度跟銷量卻都慘輸名單上的純文學作家，很難不妄自菲薄，但現在拉鈴下車顯得太膽小，所以我安慰自己：我是來增加物種多樣性的！基於相同理由，四月開記者會的時候我也去了，講了我自認爲應該是腐女常識的話：中國是個沒有言論自由的國家，BL小說作者尤其被當成肥羊，地方政府缺經費就任意朝她們開刀，最近連讀者都被拉去「作證」，只要還想維護創作與閱讀自由，當然必須抗拒向中國靠攏；中國對臺灣一直敵意滿滿，國民黨跟民眾黨的立委卻聯手亂砍國防經費，這種惡意明確至極，不罷免他們是跟自己的未來過不去。

連署的本意應該是要借重作家們的名聲，呼籲他們的讀者一起加入大罷免；但我自認沒多少讀者，反而是加入連署這件事讓我沾光了*，所以我想一定得多做點什麼，才對得起大家。因此我在 Threads 上誇下海口，說要讀遍所有連署作家的書，還下了個很堂皇的 tag「二〇一讀書會」——但實際上最後連署人數是一〇四三人，而且到頭來最認眞在執行「一〇四三讀書會」計畫的人是也很

*所謂沾光，純粹是跟這麼多厲害角色站在一起讓我臉上有光；社群網路帳號雖然一時多了一些粉絲，但我也沒因此變成網紅（才六百粉絲，能幹麼啊），因爲我沒做什麼後續經營。至於銷售，我自出版的電子書在連署曝光後大概多賣了……五本。由此可見，光靠政治出櫃牟利是不可能的。如果有人政治出櫃後爆紅，那絕對是有努力追加其他活動延續聲勢，那是靠自己的本事，我們應該表示敬佩。

忙的林蔚昀——我幹麼去了?我加入罷團去當二階陸戰志工了，精力榨乾，那一陣子連看書的力氣都沒。

從筆桿接力到走上街頭

三月中各地罷團的一階提案陸續通過，我也就近加入在地罷團，擺攤拉二階連署書。我原本就計畫三月中要停工寫小說，結果這段空檔就順理成章地留給街頭行動了。

比起別區碰到的肢體攻擊或者潑水推人，我們這區算是比較「溫柔」了，畢竟大半連署點都在熱鬧市區，多數人會下意識收斂。不過挨罵被嗆當然是少不了，偶爾還是會有出動警察把人架開的大場面。對我來說不回嘴很容易（我就反應慢），只要不會被打，就沒啥好怕——但是要隨時保持警覺，要長時間站立，精神上跟肉體上還是要付出一些代價。好比說久站真會讓下肢水腫，好比說隱性焦慮會讓人半夜驚醒心跳如雷，好比說……

曾經有個孕婦靠近我，悄聲請問我有收錢嗎？她聽起來是眞心疑惑，所以我也鄭重回答，一毛都沒收。她似乎理解了，接下來用交換意見的溫和口氣，說明她不同意大罷免。申論了一段以後，突然間她話鋒一轉：「所以你們一定還是有收錢嘛——」在那瞬間，我感覺像被打了一巴掌：原來從頭到尾妳都假設我是個嘴硬的騙子？我氣得大喊：「我說過了我沒有收錢！妳不同意我們的論點就算了，請務必相信我沒有收錢！」

我眞的很不擅長吵架。

那孕婦逃跑了，我卻恐慌很久。我很怕我大吼害她動了胎氣，還怕要是有人剛好拍到這段畫面，然後說罷團志工欺負孕婦怎麼辦？後來朋友聽說此事，評論道：「如果是我，大概會問她：『那妳收了多少？我可以理解奶粉錢很貴啦。』」

我還是太溫馴了嗎？

幸好這些來自人的微小傷害，都會被同樣來自人的細膩溫暖撫平。警察們很盡責地保護志工安全（跟十年前太陽花運動不可同日而語）；連署攤位總是被「民主公嬤」送的食物飲料淹沒；還有志工之間的互助與信任——即使我們大半至今不知彼此的真實姓名。這一切溫暖都成了養分。我自己的長篇沒寫成，卻養出了兩個短篇作品，正好加入臺灣文學作家連署的後續活動，「筆桿接力，罷免到底」，用文字作品接龍。

除了那兩則短篇以外，我的其他作品不是中世紀奇幻就是未來（偽）科幻——說穿了，我就是耽溺於夢境的那種人。可惜的是，不適任立委正在破壞臺灣解嚴後好不容易生長出來的自由穩定環境；再怎麼想閉關創作不問世事，我都不敢這樣做。如果現在關門不理，誰知道下次開門，還有沒有自由發表的空間？

終點還沒到，務必記得投下罷免票

然而到了五月，我這區的連署達標送件，其他同伴紛紛到其他選區支援，我卻中輟了一個月，不再瘋狂排班，因爲我的父母需要我。他們都已年過八十，難免要跑醫院，即使還不需要我全天陪侍，輕度失智的媽媽還是會希望我定時出現在晚餐桌前。父母遲早需要長照服務，藍白立委濫砍預算又草率立法影響長照發展，當然讓我十分有感。

我知道二階連署達標還不是終點，預計在七、八月的投票才是眞正的最後決戰，但我能貢獻的時間與心力卻很有限。不少人以爲二階達標就沒事了，不知道三階要投票；而罷免要成功，就算參與連署的一〇%選民都投下同意票也還不夠，我們需要二五%的選民支持，中間還有一五%的差距。要讓這些原本不感興趣的人願意投下同意票，需要更多的網路與實體宣傳。此刻我到底還能做什麼呢？

寫作者給人能言善道的刻板印象，但關於我的眞相是，我的創造力都集中在男男戀愛妄想上，政治論述能力很低下，也想不出宣傳詞或引人注目的團康活動；網路「空戰」實際上需要花很多時間監控輿情變化，隨時出招，我也做不到。作爲一個社運參與者，我就是最最普通的那一個。但充滿限制的普通人還是有用處的。不擅論述沒關係，我們還是可以舉牌陪伴宣講者，一邊發貼紙面紙，一邊小聲提醒「今年暑假別出國，記得出門投票喔」；在宣講者必須休息喝口水的時候，硬著頭皮接過麥克風，說點心裡話，撐個三十秒或一分鐘。我只能在日落前出現（像是吸血鬼的相反），而你，或許可以在下班後接力，在經過志工身邊時替他們拍手，小心地遊說你的親友同事，等待投票。

也有可能，你根本不是罷免支持者。你只是拿起這本書隨手翻翻，剛好讀到這一頁。如果這一篇讀起來不是太討厭，讓你有點好奇這些人在搞什麼，你要不要多翻一頁，再讀一篇？

或許讀完以後，你就會理解我們想用罷免達成的夢想是什麼了。

李靡靡
被現實所逼，不得不加入大罷免捍衛作夢權利的BL作者。大半作品背景不是中世紀就是外太空。作品列表見噗浪帳號：https://www.plurk.com/Loti

記錄國家此刻的驕傲與不堪

楊力州

我是一名紀錄片工作者，一直以來都認爲影像是眞實、有力量的記憶載體。二〇一一年起，我紀錄八八風災後甲仙故事的《拔一條河》，一開始只是紀錄一群孩子參與拔河運動爲家鄉帶來光榮的過程，沒想到這部影片不只是留下影像，更成爲社區改變的小小催化劑，也引發地方居民對環境與新住民群體的關注。

紀錄片的力量與多面性

這讓我深深體悟到紀錄片的力量，不只是在銀幕上播映時的感動與否，而是在放映結束後，讓人重新思考自己與土地的關係。《拔一條河》證明了當影像貼近人心，它就能改變現實，所以我們可以用鏡頭參與公共生活，讓影像成爲行動的起點。也因此鏡頭不只是做紀錄，更是連結當下與未來的一座橋梁。做爲導演，我們的工作是把碎片化的生活、被忽略的聲音，透過架構及剪輯，完成一段段故事，呈現社會、人心、臺灣的時代樣貌。

回到老家，我偶爾會翻翻那幾本家庭相簿。泛黃的照片裡，有母親抱著我在野柳女王頭前、有父親年輕時揹著吉他騎機車的耍帥照，當然也有我和弟弟每個成長階段的照片。我們留存這些影像，不只是因爲回憶，而是爲了提醒自己血脈相連、情感延續。

同樣地，一部紀錄片，就是國家、社會的家庭相本。它包容了光榮時刻，也記錄下了傷疤痕跡，讓我們看到美好的同時，也不隱藏不堪。過去我們拍風災的殘酷，也記錄下生命的毅力；我們拍攝鄉間風光，也探究城市裡的裂縫。也因爲是這種多面性，讓國家有了完整的記憶、有了不會被篩選的歷史。

二〇二五年初，立委陳玉珍發動提案，將公視預算砍到只剩一元。那一刻，我知道，這不是一起預算案的拉扯，而是對整體文化創作的攻擊。

一九九八年底，我正在電影研究所就讀，在那個看不到未來的紀錄片環境中，戶頭只剩八千元，完全無法支付影像製作的支出，那時我幾乎要放棄學習了。此時一個來自公視的青少年紀錄短片製作邀約，一個月一部影片，一萬八千元的製作費讓我能夠站穩腳步。儘管已經超過二十年沒跟公視合作了，但我明白這個平臺對於年輕的紀錄片工作者是多麼的重要。

發起 Taiwan Action 影片計畫

於是我發起 Taiwan Action 影片計畫，試圖召集影視工作者，一同來拍攝罷免影片來阻止這一切。當我在臉書上發出第一篇貼文時，我並沒有預期會有超過百人響應。我只是把自己心裡的焦慮寫了出來，但迅速被各方影視同業私訊刷滿：「我們能幫什麼？」「我也想拍！」連平常很少談論公共議題的技術人員都私訊我說：「這件事我無法裝作沒看到。」

導演是有趣的一群人，有人嚴肅、有人幽默，有人感性、有人理性。這次 Taiwan Action 最珍貴的，是每一位創作者都用自己的方式來表達。沒有統一口號，沒有腳本審查，因為這不是政治宣傳，而是一次眞誠的影像行動。每個人回到自己熟悉的創作語言裡，自然就能說出自己對社會的觀察與期盼。

我們從二〇二五年三月十三日起，分次推出多部短片，有劇情片、紀錄片、廣告、布袋戲……每個創作者都在自己的風格裡自由發聲，做出自己的作品，並放上雲端，讓任何人下載轉發、分享我們的理念，在二階連署階段 Taiwan Action 就推出了十五部影片，我們的影像運動迅速引起回響。

野火必然燎原。前幾日在一個座談會上，作家楊双子對我說，當他看到 Taiwan Action 串連影視圈發起行動時，他想著文學界是否也能做點什麼。此刻，文學界筆桿接力了將近四百篇臺灣文學家，針對罷免議題創作的文章也大量湧出。

Taiwan Action 最重要的是它展現了「去中心化」的精神，它不是發包中心、沒有預設腳本，只有共同信念。每一部影片在上線時，基於作品公共化的精神，都將影片釋出到所有平臺自由取用。這種寬度與自由，也是民主最美好的展現。我們期盼讓社會聽到深刻的聲音，尤其是希望讓中間選民可以在理性與情感的感受中做出選擇。

一開始我太太會提出一個非常沉重的方案——賣掉房子籌措拍片預算。我還記得那夜，她輕聲告訴我：「這是你相信的，就去做吧！」我明白，最重要的往往是那份柔軟卻堅定的支持。而這更讓我下定決心，Taiwan Action 計畫不能失敗，因爲它代表的不只是我，而是我們所有人的價值與動力。所幸後來得到民間支持，讓這間小套房得以保住。

用鏡頭爲所有臺灣人留下共同記憶

在罷免運動結束之後，影片計畫將持續進行，我始終相信，一部好的紀錄片，不只是一時的發聲，而是成爲能在未來打開記憶、引發共鳴的歷史文件。Taiwan Action 的影片不是罷免工具，而是一整段歷程，從文化影視人發表作品、新聞媒體的報導到影像產生效應的過程，再加上全臺罷團的影像資料。我們將在年底政治局勢底定之後，把這些內容製作成一部完整的紀錄片，讓它成爲臺灣多年之後眞實的民主見證。這部作品，將不會只講罷免本身，會有創作者的掙扎與勇氣、疲憊與相信。這些臺前幕後的故事都將會被留下來，成爲未來某一天我們翻開相簿時會有所感觸的回憶。就像看家中老照片一樣，雖有皺摺、有淡色、有思念，但每一張都代表著我們。

那天，我在凱道上看到不分族群、不分黨派的群衆走出來，他們手持旗幟、呼口號，大家不約而同的出現，只因爲同一件事，愛這片土地，愛它的未來。我們的鏡頭可能也不會卽時翻轉政治態勢，但它們會成爲一次思想轉變的催化劑。

Taiwan Action 只是一群普通的導演、製片、演員、攝影師、後製人員，一群用自己的專業與初心投身行動的人，雖然有人抹黑我們操弄政治，但我相信文化創作者有責任守護表達自由，無論內容是驕傲還是不堪。如同 Taiwan Action 的標誌，我們在做的事是丟進那顆小石頭，引發漣漪。

紀錄，是對這片土地最大的溫柔。

紀錄，是對未來最堅毅的交代。

而我們，只是稜角尖銳、柔軟卻堅定的那顆石。

這段歷程，終將成爲所有臺灣人的共同家庭相簿，在光與影之間，看見我們的樣子。

楊力州

五歲時希望可以成爲畫家，卻在二十五歲時成爲老師，本以爲會一直教到六十五歲退休，沒想到三十四歲得到金鐘獎，接著三十七歲得到金馬獎，之後成爲想都沒想過的導演。也因爲拍片，成爲別人眼中的體育政策、老人議題、東南亞政策、偏鄉教育的專家，但其實只會拍片，只喜歡好好說故事。現爲紀錄片導演、國立臺南藝術大學動畫與影像美術研究所專任教授。

在我們的家，做家事

盧建彰

噢，好呀。

「噢，好呀。」回答的時候，我手握方向盤，看向右側的照後鏡，打了方向燈，來回確認了三次，我才轉動方向盤，讓車子緩緩變換方向。

我是個小心的人，尤其在和別人有關的事上。

妻轉述小倩導演邀請，我當下就答應了。

因爲有些事，不做比做，危險許多。

答應得快，不是沒有想，而是想了很久。

是要拍罷免的片子。

我記得那天是妻的母親要我們帶著女兒去家中吃飯，路上妻提起，我也只要妻回答「好呀」。沒有多問，是啊，何必多問，住在這個國家裡的每個人不都知道背景了嗎？說不知道的，恐怕也是少數。

大家都知道問題在那，只是答案還沒顯露出來而已。

女兒在我的正後方，我知道我得擋在她前面，但我怕我沒有足夠的智慧。

請記住前面這段話，那是我當下的感受，後來竟就成了影片的本身，那不是什麼比喻，它就是故事它自己。

詩意的生活

答應之後，我先跟平日合作的工作夥伴聯絡，對方立刻答應，沒有第二句話，我好像是打給自己，他和我一樣，都有女兒，都覺得需要爲孩子做點什麼。

因爲這是環境問題，每個人都得參與，否則就算你再怎麼把孩子照顧好，孩子都得面對惡劣的環境。非常的單純，不必多想。

該想的是怎麼做。

我自己給自己的題目是生活且詩意。

生活感是因爲這牽扯到每個人的生活，你也許不在意，但它其實已經直接影響到你的生活了，你再怎麼裝作不在意，都無法否認。

但我需要某種程度的優雅，也就是詩意，好讓那被喚醒的不致太過難受，但又有一定的衝擊力。

才不浪費。

我可預期參與者都有一片熱心，不可浪費，而將使用到的資源也極珍貴，我必須很有意識地思考那足夠的強度，才能不浪費並在稀缺的媒體資源下，創造足夠的傳播力。

生活感，並帶詩意。

所以，選擇了臺灣人生活中最習慣的倒垃圾問題。

如同孩子的視角，有問題就該面對，動手去處理。

我當然不認爲誰該被稱之爲垃圾，眞正垃圾的是行爲本身，不稱職地做出不恰當的行爲，才是該被改善並移除的狀態。對事不對人。

不需要太過煽情的字眼，而是冷靜地做該做的事，畢竟，多數的臺灣人都是做事的人，都是稱職的工作者。

在你工作的職場，遇見有人故意破壞傷害衆人工作成果時，大家一定會出手制止的。

那也是種善意。

讓做不好的人可以去另個位置，或許他在其他適合的地方，對這個世界有更好的結果也不一定呀。

做家事是安全且適切的

拍片時，因為我們是最早執行的，我想更多的保護演員，不確定之後他得面對怎樣的惡意，所以我設計了個橋段，讓他正要出門騎機車，因此順手戴上了安全帽，於是也保護了演員的辨識性。同時也呈現了一個哲學意義，戴著安全帽批評，是種心理上安全的呈現，但孩子的登場，卻也點出了另一種觀點，那就是也許行動才能有效改善我們環境的問題。那也許是更高層次的安全。

也就是我一開始想的，做比不做安全，當問題已經來到你的家門口。

當然，也完全就是當初的場景，面對時代的洪流，我們這些大人擋在孩子前面，因為清楚知道這一切不只影響我們這一代，而是孩子未來的六十年。但若只有焦慮的言語是不夠的，應該像我女兒一樣單純的行動，有問題就處理，有垃圾就移除，何況，那是在你家門口。

有朋友說我挺身而出，我很驚訝，因爲我一直在原地，做我原來在做的事，跟多數臺灣人一樣，在我們的家，做家事。

盧建彰導演拍攝罷免影片《丟垃圾》。

盧建彰 Kurt Lu

是廣告導演也是詩人，是小說家也是跑者。曾是GUNN REPORT廣告創意積分臺灣第一名，執導過小英廣告、「Google齊柏林篇」獲選十大微電影，TOYOTA金士傑兩個爸爸篇……著有小說《地檢署前圖書室：多事之秋》、散文《把好事說成好故事》、《文案力》等二十二本書。

附錄

Taiwan Action 劇照集

感謝楊力州導演代表 Taiwan Action 團隊提供罷免影片工作照及劇照。

他們愛的不是你

導演 楊力州

「Taiwan Action 公民罷免影片計畫」首支紀錄短片《他們愛的不是你》，由發起人楊力州執導，取材自作家丘美珍的同名詩作，並由她親自獻聲，道出自她有記憶以來，全家一直是反共的藍營支持者，但是「身爲藍營後代，我發現，國民黨開始親共了。時代變了，國民黨也變了。」

丘美珍娓娓道來：「昨天是我爸爸的忌日，終其一生，他都是國民黨員。但是，終其一生，他都反共。他前半生飽經戰亂、家破人亡，都是因爲共產黨。我想著爸爸離開家鄉的動盪歲月，寫了這首詩獻給他。」

她在詩中細數那些爲臺灣奮鬥的小人物，而這些人愛的是沒有共產黨的世界，是國家和家人，是民主自由，不是傅崐萁、李彥秀、王鴻薇、葉元之、廖偉翔這些親共立委。「……立法院的大門在你身後轟然關閉，將你隔離，你終於發現，你的同志愛的只是權力，不是人民。」

這部影片由丘美珍撰稿朗讀，罷免團體志工擔任演出，《賽德克·巴萊》剪接師蘇珮儀剪輯，《由島至島》法籍聲音藝術家澎葉生擔任音效，《日曜日式散步者》攝影蔡維隆掌鏡，並由《孤味》配樂師柯智豪擔任配樂，獻給「以臺灣爲家的每一個你」。（一卷文化編輯部／整理）

發起 Taiwan Action 影片計畫，
號召影視人用鏡頭參與罷免的楊力州導演。

每日一字

導演　朱詩鈺

這支影片以「每日一字」爲創意發想，除了提醒民衆塡連署書「字要寫清楚」，也以「國」爲例，強調這個字若沒寫好，「會有不好的東西混進來」。

畫面上的「國」字，左上方的筆劃有缺角，而這個缺角，恐怕會讓有心人士混進來：「跑來依親、跑來用健保、跑來投票。」（一卷文化編輯部／整理）

電蚊拍

導演 陳文彬

男子手持故障的電蚊拍來退貨，女店員告訴他，只要是歹物仔就可以換，像是我們選的立委領人民薪水，卻變質做壞事，若再不快換掉，就會「倖豬夯灶整組壞壞去」。透過一支壞掉的電蚊拍，告訴民眾：「東西壞掉可以退，壞掉的立委當然也可以！」提醒大家趕快在期限內付諸行動。

拍片靈感來自導演陳文彬的日常生活：「我有一支電蚊拍壞掉了，整晚蚊子在耳旁嗡嗡嗡，搞得我睡不著、很火大，第二天拿去店裡問說可以換嗎，店家說當然啊，一個月之內都可以換。」他心想：「人家電蚊拍都可以換了，為什麼立委選上了就不能換？你可以忍耐四年蚊子在你耳旁嗡嗡嗡的睡不著嗎？」

這部影片由嘉義「阮劇團」熱情支援演出，由副團長 JJ 協助調整傳神的台語對白口條，以直式拍攝，方便民眾以手機觀看並轉傳分享。（一卷文化編輯部／整理）

安太歲

導演 陳文彬

「安太歲篇」提醒民衆，光是自己安太歲沒有用，因爲立法院的風吹草動影響每個人的生計，只有把立法院那些妖魔鬼怪通通請出去，才會有神明保佑好未來。

導演陳文彬拍了「電蚊拍篇」之後，再接再厲推出「安太歲篇」，特別針對艱困選區對症下藥，影片同樣以直式拍攝，方便大家以手機觀看並轉傳分享。片中以臺灣人最熟悉的宮廟爲背景，一名信女詢問師父，今年除了安太歲，還該做些什麼？師父掐指一算，說她命沖臺北市中正區中山南路一號立法院！信女不解，自己住南部，與立法院有何關聯？師父開示：「國家若要正常，財政預算不能亂刪，住南部也可以出力啊！」只有全國連署大罷免大成功，才能眞正獲得國泰民安。

「安太歲篇」以民間信仰借題發揮，製作團隊全程均以虔敬的態度進行。例如導演拍攝片中的神像城隍爺，除了先取得廟方同意，並且向神明稟告立法院藍委亂刪預算、亂提法案，以及本片拍攝目的，經過擲筊請示，取得聖筊同意，才進行拍攝。劇中的大罷免符咒，也是請有證照的專業法師開光書寫，依道家規矩寫完過火。全程敬愼，務求「心誠則靈」。（一卷文化編輯部／整理）

(安太歲)

環保

點痣篇

導演　黃信堯

以《大佛普拉斯》勇奪金馬獎的黃信堯執導「點痣篇」，以充滿民間趣味的布袋戲形式，道出一則警世寓言：對未來失去方向的黛婉小姐與書僮，找到了江湖傳說中料事如神的恆春仙，希望求得指示改變運勢。恆春仙發現她印堂發黑、臉上出現三十五顆壞痣。黛婉小姐想要改運，就要把壞痣點掉，點三次才能清除，而且機不可失，時不再來。

把三十五名泛藍立委喻爲「歹痣」，而這些壞痣要點三次才能改國運，就如罷免必須經過三階才得奏效，令人莞爾。導演的靈感來自罷團上街擺攤連署，在臺灣地圖上同時出現許多罷免點，這讓他聯想到傳統路邊點痣算命攤的男女面相圖，進而發想出：透過「點痣」故事提醒大家，不好的民意代表都需要被罷免掉，才能讓國家運勢起飛。

片中不僅由黃信堯親自配音引言，更請到享譽全臺的聲音藝術工作者「恆春兮」（本名鄭志文）跨刀配音，也因此，片中的改運師父名爲「恆春仙」。（一卷文化編輯部／整理）

點痣成金
凶痣不可留
好痣不可點
鐵口直斷

做功課

導演　王小棣

這部短片中，一個爸爸責罵兒子不好好做功課，不准兒子說對學校科目沒興趣，還兇兒子要把功課做完才准睡覺。未料爸爸一轉頭，兒子激動回嘴：「那你呢？媽媽說立法院的事情，你還不是說沒興趣？你還叫媽媽閉嘴少囉嗦。媽媽說國家亂七八糟，她很難過，難道你都不用管嗎？你就可以對你的國家沒有興趣，那國家亂七八糟，我念書有什麼用？那你有做功課嗎？」被兒子嗆到無語，爸爸默默出門工作。

影片中的一家三口是臺灣當代社會情感衝突的縮影，三人各有焦慮的理由與表達的方式。導演王小棣從「做功課」切入，是因爲她覺得人活著就是要做功課。整個國家、外在環境都在劇烈改變，一個人身處其中，可以完全不關注、不做功課嗎？「國民黨就是停止學習。做錯事情有沒有勇氣去承認，去自我檢討……這是很可怕的。」王小棣透過媒體表示，至少每個國民都可以做到的就是不要再講「自己不要碰政治」。藉由片中小男孩聲淚俱下的要爸爸爲大罷免做功課，喊話人們關心政治，因爲「民主的實現需要一代代認眞關注。」

片中男孩的表現十分搶眼。在戲外同樣很有想法，知道大罷免在做什麼，父母也因爲支持大罷免而同意孩子演出。在試戲時，講到「爸爸罵媽媽」，男孩就靜靜地流淚了。當片中男孩質問父親「媽媽難過你可以不用管嗎」，聲淚俱下，完全是眞情流露。（一卷文化編輯部／整理）

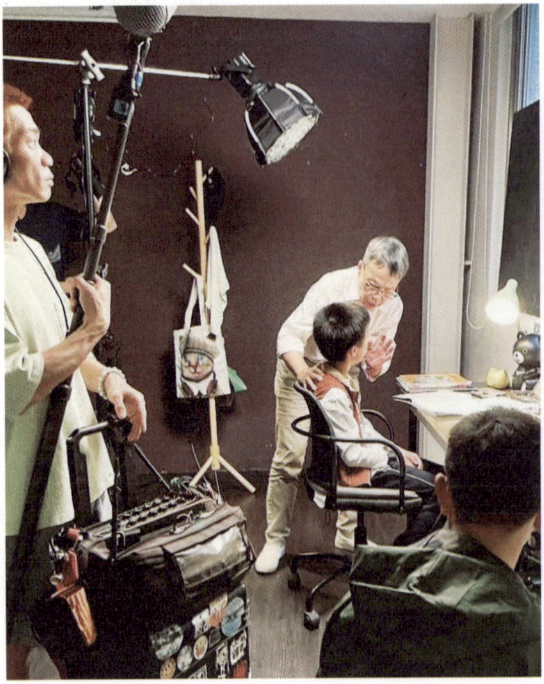

超人媽媽

導演 葉天倫

這部「超人媽媽篇」是獻給參與大罷免的每一位志工媽媽的母親節禮物。這些媽媽在百忙中抽時間投身大罷免，只爲了下一代的未來。導演葉天倫表示：「我覺得她們都像是超人媽媽，溫柔堅定，是臺灣往前走的重要力量。」

大罷免行動是一場高難度的長期戰役，近九成志工是女性。葉天倫拍攝紀錄的這群媽媽，是汐止罷免廖先翔的志工群。她們無法理解，廖先翔自己也住汐止，怎麼會把預算都刪光？尤其汐止的白匏湖社宅興建計畫，預計可以提供千戶社會住宅、幼托、長照、社福設施、運動中心，滿足生活機能並帶動地方發展。原本已經完成規畫評估作業，廖先翔卻說汐止「連鹹酥雞都買不到，社宅蓋好後會成爲治安死角的鬼城」，就把這個案子提案刪除了。影片中一群婆婆媽媽齊聚一堂，摺文宣品、上街派發傳單。一位阿媽說：「爲了我的孫子啊，爲了下一代的將來，一定要站出來。」（一卷文化編輯部／整理）

輯四

公民社會備忘錄

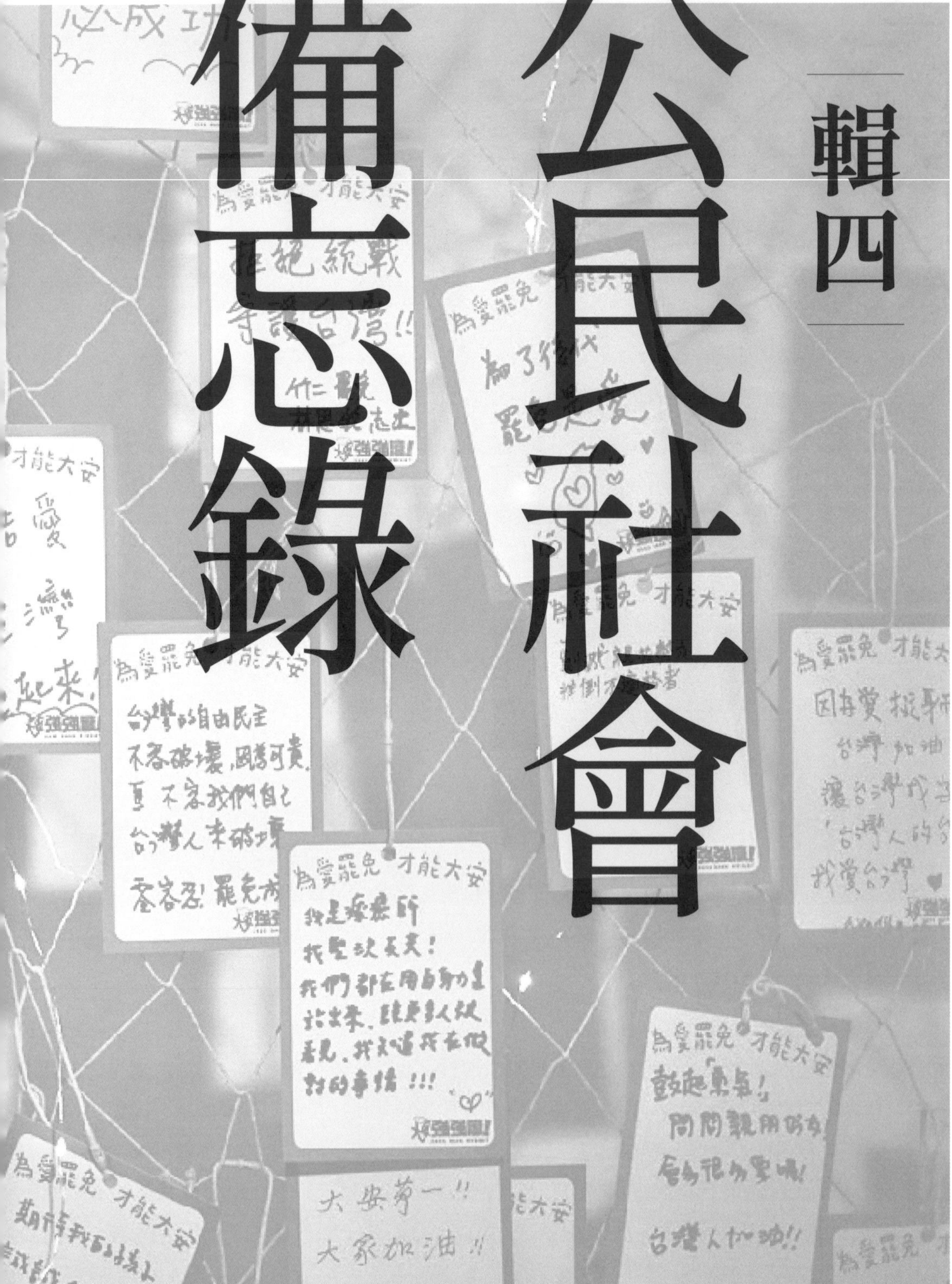

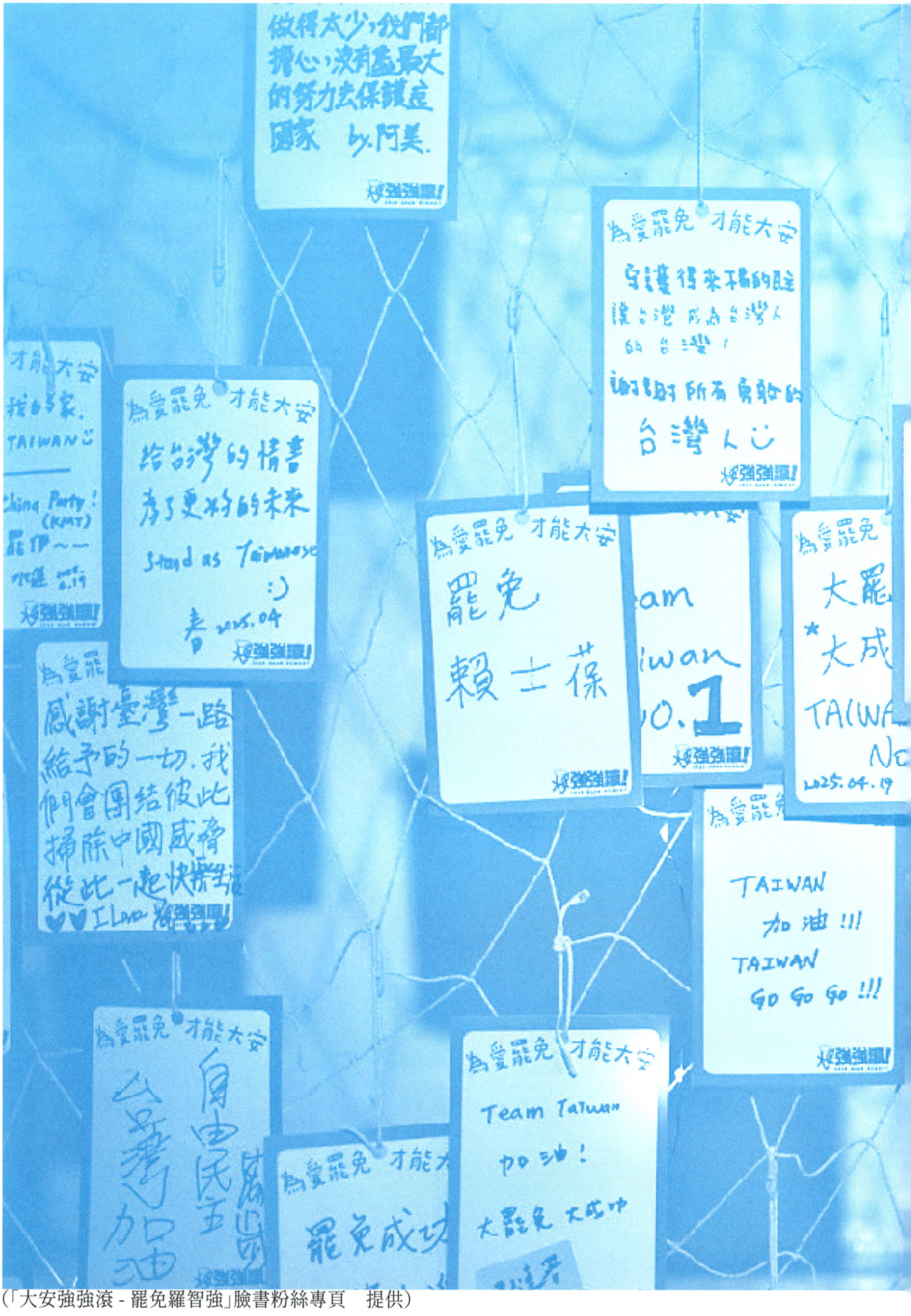

（「大安強強滾 - 罷免羅智強」臉書粉絲專頁　提供）

臺灣用大罷免向國際社會自證反共韌性

趙曉慧

中華民國派與臺獨派首度合體

在臺灣，青天白日滿地紅的中華民國國旗，與鯨魚造型符號的臺灣獨立旗，向來水火不容，正象徵臺灣社會的分裂現況。

認同「中華民國旗」的陣營，多屬泛藍支持者，包括外省背景或本省軍公教家庭，是正統憲政論述的保守派。臺灣獨立旗的「法理臺獨」讓他們覺得是挑釁北京，憂心會招來武力攻擊。

認同「臺灣獨立旗」的陣營，通常爲深綠或臺派人士、「去中國化」年輕世代，將中華民國視爲外來政權，臺灣應該正名制憲，建立主權更完整的「臺灣共和國」。

這一藍一綠的旗幟，卻在二〇二五年四月十九日「大罷免」凱道集會上同場飄揚，震撼臺灣社會，令人感動到熱淚盈眶。兩者罕見「合體」，是因爲面對一個共同的敵人——中共。中共代理人（國民黨與民衆黨立委）把持立法院，毀憲亂政發動奪權政變，意圖架空政府，讓臺灣步上香港後塵。

大罷免活動現場，中華民國國旗與臺獨旗同場飄揚。
（IG：@double_lucky_ 提供）

「大罷免」迅速在臺灣燎原，一路突破連署門檻的難度，挺進第三階段投票，國民黨不思反省，發動報復性的「罷綠委」反制，但卻陷入造假醜聞，出現「死人連署」、「僞造身分證影本」等。國民黨這些惡質操作，集「叛國」、「造假」、「腐敗」於一身，徹底惹怒臺灣社會：「我叫你監督民進黨，不是讓你拆了中華民國！」

這場首度由民間自發、無政黨主導的全國性罷免行動，支持群衆涵蓋「中華民國派」與「臺灣獨立派」，映照「反共」是臺灣的主流民意，「中華民國＋臺灣」是多數人願意共同守護的價值。

大罷免改變臺灣政治格局

罷免，向來是地方性單一選區的「個案」，但首次在臺灣燎原爲全國性「通案」，只因爲「國民黨變紅」是一個結構性的大敗壞，而非單一政治人物的失職，會斷送臺灣的民主自由，引爆臺灣社會的集體亡國感。

罷免權近年來的使用愈來愈頻繁，這只說明一件事——臺灣選民不再任你鬧四年。

雖然罷免可能成爲一種常態，有人憂心濫用罷免權將成爲政治惡鬥的工具，但我反而樂觀看待。

「大罷免」的組成是廣大的公民，面對國民黨配合中共破壞憲政體制，公民們不採用激進抗爭，完全依循《公職人員罷免法》走程序、蒐集連署、依法舉行投票。經過這次險些亡國的「洗禮」，大家對民主自由、憲政體制的體會更深刻，公民參政的素質已經養成。

今後，政客與政黨很難再爲所欲爲，一旦國家的方向走歪，選民就會站出來「自動校正」，讓臺灣擁有民主自癒力，這才是一個民主國家的強大根基，也是讓中共最害怕的地方。

大罷免成功，向國際社會釋出四大訊號

・一次民主排毒工程：清算紅色代理人

這次罷免行動，不僅針對個別立委，更是對整個親共體系的系統性排毒。

被罷免的對象，清一色是國民黨各大地方選區的立委，他們有些是地方勢力的政治家族，把持鄉里、壟斷資源太久，與當地的宮廟宗教系統、地方議會與派系勢力，形成一個親共的網絡，中共滲透的痕跡又深又廣。當地的選民看在眼裡多年，始終敢怒不敢言，終於趁著這一次「大罷免」，對這些染紅的地方勢力開啟清算。

這也是一場「民主排毒工程」，對政治人物傳達一個明確訊號：你可以是藍的、綠的、白的，但不能是紅的！

・臺灣自證「反共韌性」，國際地位更鞏固

當中共透過經濟、輿論與地方勢力滲透臺灣，美國一直在觀察：臺灣是否具備足夠的韌性與自主意志，抵抗這種混合式威脅。大罷免的成功，對中共與其代理人做出強大的反擊，將提升美國對臺灣的信任，強化「臺灣是印太安全鏈最關鍵一環」的國際觀感。

就像以色列在敵國環伺下仍能穩定政權、自主防衛，美國因此願意長期投注軍事與經濟資源，臺灣若展現出相同的韌性與清晰的「反共親美」民意，美國勢必會更深化雙邊合作，視臺灣爲值得長期投資與捍衛的堅實盟友。

此外，這也會讓更多美國企業願意將資金與技術留在臺灣，因爲他們會認爲臺灣的政治風險來自外部威脅，但內部民主體質穩健，社會有「民主修復能力」，是可以信賴的經濟與地緣合作基地。

・中共向太平洋的擴張受阻

中共在以正面軍力攻打臺灣之前，先採用更具隱蔽性與殺傷力的戰術：透過認知作戰滲透臺灣社會，扶植政治代理人、操縱媒體輿論、瓦解制度信任，企圖讓臺灣內部自毀城牆，主動打開國門迎接中共「統一」臺灣。

大罷免的成功，粉碎了這一場深層滲透工程。它象徵臺灣公民社會仍保有高度辨識力與反制能力，拒絕讓親共政黨在體制內挾持國家方向。這場由人民自發的制度性反擊，不只讓中共「不戰而屈臺灣」的劇本失敗，還形成兩大戰略反效果。

一是中共內部將出現「任務失敗」的內鬥與問責，形成政爭的導火線。

二是中共原本想藉由控制臺灣作爲第一島鏈突破口，進一步威脅日本、菲律賓、關島等美軍第二島鏈戰略節點，如今臺灣清除紅色滲透成功，意味著中共這整條向外擴張的戰略軸線被卡死。

・國民黨「三輸」，自斷生路

國民黨背離創黨初衷，背叛中華民國憲政體制，甘願淪爲中共的政治代理人。「大罷免」若未成功，國民黨雖暫時逃過一劫，卻也正式站上命運的十字路口，陷入「三輸」困境。

在臺灣，國民黨的政治信用已徹底破產。人民原本期待其作爲制衡力量，如今卻淪爲協助中共毀憲亂政的幫凶，從此再難以「中華民國守護者」自居。若大罷免失敗，國民黨得以苟延殘喘，但從此只能依賴煽動對民進黨的不滿與仇恨生存，失去正向論述與制度價值的支撐，形同政治殭屍。

在中國，中共對國民黨原本寄予厚望，視其爲「內應臺灣」的槓桿工具。一旦大罷免失敗，中共將重新評估國民黨的利用價值，因「任務失敗」將其視爲無效棋子，進而棄之如敝屣。

在國際，國民黨已喪失民主政黨的黨格，不再被視爲可信的政黨，這不僅使國民黨在國際社會上失去尊嚴，斷絕未來與其他民主國家合作結盟的可能。

結果是：國民黨成爲兩岸都看不起的「無根人」——失去臺灣社會的信任，也失去中共的青睞；既無民意基礎，也無國際空間，最終只能在歷史的夾縫中自我消耗。

即使罷免失敗，臺灣不會束手就擒

大罷免如果失敗，臺灣是否就此赤化，包括選舉權被沒收？相信沒有這麼容易。畢竟政府手握「執政權」，藍白立委如果強行通過惡法，行政機關可以「不執法」，也有聲請大法官釋憲等救濟手段。預算案與施政計畫仍由行政院主導，國會即使杯葛，也需面對民意反彈。

此外，藍白立委如果通敵叛國或收受敵對勢力的資金，並不享有豁免權，一旦檢方掌握相關證據，就可根據《刑法》第一百條至第一〇五條、《反滲透法》起訴。

國民黨若配合中共統一臺灣，在國際法上站不住腳。聯合國二七五八號決議僅承認中共爲「中國在聯合國的代表」，未處理臺灣主權歸屬問題。而臺灣自一九四九年以來，一直是由中華民國政府實際治理，具備完整的主權運作事實(de facto sovereignty)。

國際法向來強調人民自決(self-determination)，《聯合國憲章》與多項國際條約明文支持人民自決原則。臺灣若未經公民投票或自由意志同意，即被強行「統一」，違反國際慣例與國際法原則。

最重要的是，臺灣社會已經具足「反共抗體」，國民黨即使再度全面執政，配合中共演出癱瘓臺灣的民主自由，也很難承受人民的抵抗。

馬英九執政八年時期國民黨「完全執政」，強推親中政策，包含開放陸客、簽署ＥＣＦＡ、推動服貿協議，最終引爆二〇一四年的「太陽花學運」，成爲臺灣年輕世代集體對「親中政權」的反抗經驗。歷史會一次次證明，即使手握政權，若違逆民意、親共賣臺，最終也將被民意唾棄、被歷史淘汰。

趙曉慧

時事評論作家，臺大城鄉所碩士，曾任資深財經記者與國會助理，現任灼見文創執行長。常於臉書剖析美中臺關係，涵蓋國際經貿、地緣政治與軍事戰略，立場鷹派、觀點獨到，風格犀利而理性，臉書吸引數萬人追蹤與媒體轉載。著有《高薪寫作術》、《下筆就成交》、《CEO初階養成課》等職場培訓書，深受企業與上班族好評。

捍衛民主：「大罷免」是爭自由、超堅韌的反共大戰

楊憲宏

大罷免運動，從一開始就是「反對中共入侵臺灣」的人民力量大反撲。過去十年，全世界媒體的焦點話題就是「中共武力犯臺」，不論是分析、警告、恐嚇或根本就是「中國買通」的文攻，充斥臺灣的網路訊息。加上中共軍機、軍艦、漁船、輪船屢屢越界，進行所謂「包圍」或搞灰色地帶騷擾，以及故意拖斷海底電纜這種實質破壞手段，「武嚇」幾乎是日日上演。

臺灣社會屢屢展現堅強韌性

一位已故藍營學者有一次訪問北京返臺，帶回一個疑問：如此密集的文攻武嚇，爲什麼沒有造成臺灣人的恐慌？臺灣股市非但沒有因爲一連串的「準對臺動武」而下跌走空，反而多頭上漲。中方不解：「臺灣人爲什麼如此淡定？」二〇一六年，臺股最低點是七六二七點（一月十八日）；蔡英文當選總統、政黨輪替後，臺股一路震盪向上，年底（十二月十二日）漲回九四三〇點。此後直到二〇二四年七、八月，臺股指數在二四四一六至一九六六二點間震盪，站穩兩萬點大關。

自二〇一六年到二〇二四年，中共的文攻武嚇沒有一天少過，若將中共騷擾臺灣的日期，與股市從七六二七點到兩萬點的曲線相互重疊來看，「臺灣人很淡定」的說法，尚且不足以形容這種「風雨生信心」的特殊風景。

這些數字不但中共看得到，國際也看得一清二楚：臺灣是個有危機意識，能堅強對應的韌性社會；是一個能夠從歷史因果中反省深思，找到出路的民主生態系有機體。最鮮明的例子，就是全球遭 COVID-19 病毒侵襲的二〇二〇年，臺灣專家一月份去了武漢，發現新病毒會「人傳人」，通告 WHO 卻不受重視，果斷採取嚴管邊境的措施以自救。臺灣的「超前部署」讓世界驚奇：這種 preparation in advance 的功夫是哪裡來的？

二〇二五年初，臺灣舉行總統大選，中共大力介選，協助反對黨運用「八年魔咒」試圖拉下民進黨，然而賴清德最終獲得超過四〇%的選票驚險當選總統，不過國會卻被反對黨贏得多數席次，進而透過立法，毀憲亂政。此時，臺灣社會才真正警覺：中共勢力不但深入國會，而且已經足以亂臺；中共以「溫水煮青蛙」的方式，利用「不忠誠的反對黨」，濫用民主來毀滅民主。美國國會也敏感的質疑臺灣反對黨大刪國防預算的作法。

民主的弊病，需要更多的民主來醫

反共保臺的各方草根力量，逐漸凝聚基本共識：明顯與中共唱和的反對黨立法委員必須被罷免。但一開始，無論是民間社會或是執政黨，都深知罷免的難度頗高，對於能否順利推動其實並無信心。後來的發展出乎意料，公民社會不但積極發起、投入，而且展現「在每個國民黨優勢選區都要給他們震撼教育」的決心，讓這場「反共滅共」行動「遍地開花」。第一階段的連署快速過關，三十五名國民黨立委榜上有名，鼓舞了罷免團體的士氣。雖然國民黨的惡劣表現使得「仇恨值」迅速噴發，更重要的是臺灣民眾在相互動員的情況下，發現臺灣多年來受夠了中共霸凌卻無從還手的窩囊氣，突然找到了「奉陪到底」的出口。更有意義的是，反共的深藍群眾也加入了清除投共藍委的行列。

通過第二階段的被罷藍營政客有三十一人，而民進黨立委被罷人數爲零。三十一比零，這是何等震撼人心的數字。

既然中共侵門踏戶，搞了代理人來鬧事，罷免這些中共代理人，就如同直球對決習近平伸向臺灣的魔爪，這是實踐「反共」的徹底操練。在川普2.0時代「天下圍中」的國際大氣候下，臺灣透過「大罷免」肅清中共的滲透，形成另類的「超前部署」。洞悉中共的毀憲亂國陰謀，臺灣民間以「自己的國家自己救」的勇武精神掃除垃圾，清理政治家園。臺灣公民行使民主機制中的「罷免權」，這無疑是對所有同樣遭遇滲透、收買、顛覆的民主國家，發揮了示範作用。目前世界民主國家，在憲法上並無「罷免權」的設計，臺灣此次「大罷免」，提供了民主國家進化政治修正的出路。

民主的弊病，要用更多的民主來醫。現階段，中共利用臺灣的民主來操縱輿論，濫用臺灣的言論自由來培植境內媒體叛國，打著民主反民主。如何對治這個「生病的民主」？大罷免就是「更多的民主」，讓選民有機會糾正錯誤。也由於臺灣公民舉國動員，爲選錯人來停機除錯，與習近平「對著幹」，這種「大無畏」，當然引發國際注意。

臺灣大罷免與全球反共大棋局連動

川普2.0發動關稅戰的最關鍵時刻，是對中共九十天的談判期，自五月中旬起算，時限正好落在二〇二五年八月——中共中央四中全會人事更替的時候。在此期間，美國並未停手，除了在中東拔掉中共毒牙、建立親美協定《亞伯拉罕協議》，讓阿富汗、巴基斯坦的政府都「遠離中國」；能源斷鏈，讓向俄羅斯、伊朗購買石油的中國面臨「二次關稅」夾擊；更限制高階晶片輸入中國，實施數位封鎖的極限施壓。

這段時間，也正是臺灣大罷免運動完成第二階段、進入第三階投票投票的時候，中共勢必會以文攻武嚇干擾罷免投票，配合狗急跳牆的被罷立委困獸猶鬥。同時，美、中於二〇二五年五月在日內瓦進行關稅會談，美方拒絕了中方堅持將「臺灣議題」列入的要求，反而表示九十天之內不可以侵擾臺灣。此外，川普回應國會議員提案「與臺灣建交」，將臺灣列爲十八個將完成關稅談判的「國家」；國務院也傳出消息，未來美國派駐臺灣的代表人選，將正式向國會提報，一如外派大使，未來ＡＩＴ（美國在臺協會）也可能更名爲「大使館」。這些來自國際的正面訊息，自然也對大罷免帶來激勵。英、美的人權報告，也在此時再度將臺灣列入「最自由的國家」之列。國際人權組織「自由之家」二〇二五全球自由報告，臺灣獲得九十四分，相較中國僅得九分，臺灣民主進步的程度備受肯定，而且與中國天差地遠。臺灣反對黨在這段時間的「反罷免」表現，則是荒腔走板，例如遷怒叫罵總統賴清德爲「希特勒」，這種不當類比，反遭德國、以色列、荷蘭、法國、比利時等國同聲譴責，更拉高大罷免的海內外聲勢。

美國連「使用華爲晶片」也比照毒品芬太尼列入制裁，因爲川普認定這些都正殘害著美國人，那麼臺灣國會裡的「中共同路人」親中反美，大刪政府對美軍購預算，美國怎能接受這些帶有「中共病原體」的立法委員？國際媒體報導大罷免是如此緣起的：「……The campaign has gained，steam after months of legislative gridlock, with the DPP accusing the opposition of paralysing the constitutional court, altering budgets, freezing government spending

– including defence – and pushing through bills that allegedly threaten the island's security.」（取材自南華早報）

川普在競選期間表示臺灣應負擔 defense fee，指的不是軍購而已。二〇二三年，時任參議員的盧比奧（Marco Antonio Rubio）曾提出「H.R.1330 - Taiwan Democracy Defense Lend-Lease Act of 2023」，概念是軍機、軍艦、武器、部隊都可以用租、用借的。美國認爲嚇阻中共，必須及時完成，軍購太慢，租借則有現成的，付錢即辦。盧比奧是現任國務卿。如果臺灣國會仍有中共的牛鬼蛇魔盤據，川普大計如何能行？

二〇二四年臺灣大選，中共透過經營藍白陣營，掌握了臺灣國會過半席次。這或許是中共針對未來美國可能實施美軍駐臺、保護臺灣海峽自由航行，而預做布局，「將軍」美國的「民主同盟」生命線。臺灣海域，每年有近兩百萬架次飛機通過，其中半數是貨運；每年有近六十萬艘次船輪通過，載運油、煤、天然氣、化學品、食糧、各種各樣消費品。而巴拿馬運河每年只通過一萬艘次，川普都表示不惜動武，相形之下，臺灣海峽不更是兵家必爭嗎？

二〇二五年六月中旬，以色列奇襲中共支持的恐怖主義國家伊朗，川普要求伊朗「無條件投降」，歐盟國家除了拒絕與中共談判經貿，更直接在G7會議支持以色列的軍事行動，德國總理還感謝以色列爲全球淸除髒亂。國際普遍分析，西方國家解決了中東問題之後，將全力布局東亞，目的在保護臺灣海峽安全，目標是對付中共。

了解這樣的全球棋局，就知道大罷免所牽動的大局觀。這不只是民主臺灣拿回「忠於國家」的國會席次，也是自由世界裂解邪惡中共意圖改寫國際格局、發動「第三次世界大戰」之陰謀。臺灣不但在半導體、AI方面是世界的領頭羊，在國際民主最前沿，也是捍衛民主的堅韌戰士。大罷免，是二十一世紀最關鍵的反共大戰。

楊憲宏

臺北醫學院牙醫系畢業，臺灣大學生理學研究所畢業，美國加州柏克萊大學公共衛生研究所畢業。臺灣關懷中國人權聯盟創會理事長，現任中央廣播電臺主持人、Formosa Forevermore 臺灣生態紀錄片製作人（Taiwan Plus 英文頻道）。著有：《走過傷心地》、《受傷的土地》、《公害政治學》、《變法一九九二》、《敍大事：新台灣崛起》、《寫作的靈現：AI時代寫手的修煉與想像力》等書。

「大罷免奇蹟」是臺灣公民運動新里程

顧爾德

二〇二五年六月二十日中選會公告，立委罷免二十四案，加上新竹市長高虹安罷免案，總共「二十四加一」案，於七月二十六日投票。其中，二十四案罷免對象全是國民黨籍立委。這是臺灣選舉政治史上最大規模的罷免投票，也是對臺灣未來幾年的政治穩定與國家安全至關重要的投票。此外，這場長達半年的「大罷免」運動，也是臺灣前所未見的社會抗爭運動，將爲臺灣公民運動發展史寫下新里程碑。

對臺灣社會影響深遠的關鍵社會運動

上個世紀，臺灣衝破黨國威權統治，是靠黨外政治力量與民間社會力量持續衝擊政治體制的結果；而解嚴以來，也有幾次關鍵的社會運動，對當時重大政策甚至長期政治發展產生決定性影響，其中以一九九〇年野百合運動、反刑法一百條抗爭、白曉燕命案後續社會訴求、太陽花運動，以及洪仲丘之死引爆軍中人權問題的白衫軍等運動最具代表性。它們的訴求性質、運動成因或有不同，但共同點是都出現聲勢浩大的街頭抗爭。其中也曾引爆幾起激烈衝突，例如一九九一年的反刑法一百條抗爭。

反刑法一百條抗爭是因爲一九九一年「獨台會」案引發，涉案者因史明影響宣傳臺灣獨立而被依《刑法》第一百條起訴。依《刑法》第一百條，「意圖」破壞國體、竊據國土就可以被定罪。將「意圖犯」入罪本就不合法理，更何況首謀刑期可高達無期徒刑。當時由高齡七十六歲的中研院院士李鎭源領銜「一〇〇行動聯盟」，串連學界、醫界與社運界，於一九九一年展開街頭抗爭，抗爭者與警方在街頭慘烈對抗。反刑法一百條抗爭，最終促成一九九二年立法院三讀通過《刑法》第一百條修正案，打破威權統治最後一道法律禁錮，充分保障言論自由。

學生與中產上街頭，快閃、去中心化

其他幾項重要社會運的參與主體各有不同，一九九〇年野百合和二〇一四年太陽花的運動主體是學生；而一九九七年白曉燕命案引發的抗爭，以及二〇一三年白衫軍運動，參與者的都市中產階性格較明顯，而後者也是臺灣網路動員「快閃政治」的代表。白衫軍運動名義上是由「公民一九八五行動聯盟」號召，實際上卻具有「阿拉伯之春」網路動員去中心化的特色。

上述運動過程或平和或激越，運動主體也有不同，但都有共同模式：在特定時空下聚集大量人群以突顯訴求主題；而在過程中有較清楚的組織運作，以維持運動於不墜，例如物資運補分配、組織宣講，或透過在抗爭現場組織公民會議，凝聚運動策略共識、充實訴求議題。這些運動都是把資源、能量、論述匯集到一個中心點，通常是臺北政治中樞的中正區，讓它成為全國注目的焦點；即使像白衫軍這樣的快閃運動也如此。

大罷免運動，中產女性挑大樑

到了二〇二五年的大罷免運動，有一些重要特質是之前幾場重要社會運動所沒有的——它是一場眞正全臺「遍地開花」的運動。「罷免」本來是依法進行的一種政治行動，但是它在選舉政治中畢竟不是一種常態。這次全臺遍地開花的大罷免行動，也比較像是種社會運動的動員，而不像政治領域的選舉動員。

大罷免雖然有幾個全國矚目的「明星」，例如民進黨立院黨團召集人柯建銘、聯電創辦人曹興誠，但這些明星並無力主導整個運動方向。在柯建銘提出「大罷免」訴求前，臺灣各地方已有公民團體陸續針對選區立委展開罷免行動；而在柯建銘倡議之後，大罷免成為全國聚焦議題。即使具有一個全國性共同訴求，但各地方公民團體的自主性相當高，各自運作。曹興誠爲首的「反共護臺志工聯盟」贊助一些地方團體所需物資與法律扶助，民進黨從中央到地方也提供或多或少的支持，但是他們都未實質主導各地運動的方向與節奏。

大罷免運動的參與者以三十歲以上居多，這個世代經歷過太陽花運動。不少投入各地罷免運動的公民受訪時稱，自己受到在臺北立法院外的青鳥運動啟發，因而注意到在野黨如何在國會中違背民意、癱瘓政府、危及國安主權等恣意妄爲；不過，這些民眾在各地從事罷免活動，與青鳥運動或者青鳥的主要發動者「經民連」沒有關連；經民連本身也沒有足夠能量去整合、串聯各地罷免團體。

被連署罷免的基隆立委林沛祥稱：「罷團是社會邊緣人的集合體。」此言一出引起許多支持大罷免運動者反彈。林沛祥對罷團的定性，應是來自於他對上個世紀街頭抗爭的刻板印象。在一九八〇、九〇年代的街頭抗爭，的確有一群固定常客，他們的社會邊緣性格較強，其中多數扮演「衝組」角色，最爲人熟知的就是一九八九年在鄭南榕出殯時、於總統府前自焚的「阿樺」詹益樺。但是大罷免運動的志工性質迥異於「衝組」，更多的是像白曉燕與白衫軍運動的參與者，中產階級特徵較明顯。

這場運動的參與者，女性比例相當高，據《報導者》二〇二五年四月的相關報導指出，各選區女性志工的比例高達七成以上。據「反共護臺志工聯盟」組織顧問簡嘉佑向《報導者》稱，他以前參與其他罷免案連署的經驗，女性志工最多六、七成，沒有像這次這麼高的比例；此外，「女性以前比較會是幕後行政的工作，但現在很多會站在第一線甚至是核心決策的位置。」依參與桃園罷免運動的學者鄭揚宜的觀察，女性志工比男性志工更常表達出對下一代的關懷。

藍伯伯、傳統綠、中間選民，聯手保臺

相較於白衫軍運動，「大罷免」更符合「無大臺」（意指沒有單一指揮中心

或領導核心的運動模式）、「如水」的去中心化。參與大罷免的白領公民，不只是被動參與，更是各地方組織、規畫與推動的主導力量。相當程度上，大罷免運動的參與者更類似參與環保、生態保育運動的公民。他們關心臺灣的未來、關心下一代，關心社會公平正義問題，而非現實政黨鬥爭。

臺灣歷來的政治社會運動中，不曾在同一時間、不同地區，有這麼多公民自主結合成的團體，分頭推動一個共同目標。這也絕非藍綠兩黨的基層組織有能力動員的——藍營基層黨組已老朽生鏽、黨員失聯離散，才會搞出一堆死人連署。綠營基層經營不如藍營深厚，民進黨中央雖然下令地方支援大罷免，但一些地方卻出現政治菁英因爲彼此政治利益衝突、競選與提名考量等因素而無法充分合作。

大罷免運動與環保、生態運動在性質上有所不同，後者政治性相對較弱，但大罷免的政治色彩很鮮明——國安危機是捲起大罷免的重要動力。蔡英文執政時期，藍營最愛嘲諷民進黨是靠販賣「芒果乾」（亡國感）來吸納選票、鞏固政權；大罷免運動能在各地風起雲湧，「芒果乾」也居功厥偉——只是這次「芒果乾」並非民進黨政府強力推銷的，而是藍白政客對北京過度諂媚、罔顧國家安全的種種作爲，讓民衆亡國焦慮油然而生，進而主動支持大罷免。

此波運動中，可以看到很多被稱爲「藍伯伯」的外省籍銀髮族挺身支持，也有一些退役軍官站上肥皂箱，提醒民衆臺灣面臨的國安危機。他們立場、論述迥異於綠營，但他們同樣擔心藍白聯手癱瘓國防、國安、外交，讓中共犯臺成爲事實，而不再是民進黨政府的危言聳聽。不少支持大罷免的「藍伯伯」有豐富的軍事歷練，這讓他們在街頭開演、對群衆分析台海情勢時更具說服力。傳統綠營支持者是「抗中保臺」，「藍伯伯」們則是「反共保臺」，兩群人一起站到大罷免的旗幟下，也是這場政治性強烈的運動和過去綠營主導的運動鮮明的不同。

公民自力救國，譜寫歷史新頁

罷免爲臺灣公民社會開展出更寬廣的空間，吸引更多以前未曾投入政治性運動的公民參與，也因此出現不同以往的抗爭論述。不過，藍白陣營還是想用「藍綠對抗」的框架來回應這場新型態的運動。最明顯的例子是，檢方調查國民黨罷免連署造假，朱立倫等國民黨菁英對此全無反省，一概指控民進黨政府政治迫害，藉此向藍色選民拉警報。這樣的反應固然是出於舊的政治思維，但可以營造危機感，讓藍綠對抗升溫，而達到讓游離支持者歸隊的政治效應，這將有利於藍營在罷免第三階段投票以及第四階段補選的動員。例如，在臺北市大安區這個「天龍國中的天龍國」，國民黨立委羅智強的罷免案能進人第三階段，幾近奇蹟，但是在藍營危機感上升的情況下，要透過投票順利罷免羅智強，難度還是很高。在藍營危機意識升高的情況下，除了「天龍國」，其他原本藍營佔優勢的地區也不容太過樂觀。

即使大罷免的最終實際結果還未知，但大罷免運動中基層民衆展現的力量，已經讓藍白政客有所收斂。在此之前，傅崐萁大概從來未想過有人可能動搖他們夫婦在花蓮盤根錯結的勢力；但從花蓮罷免運動升溫後，「花蓮王」言行低調多了。立法院藍白委員身段也變柔軟了，例如以修法增加國定假日方式討好選民，也不再像本屆立院開議之初，彷彿手持北京尚方寶劍而言行囂張、完全不用在乎選民觀感。

當然，經過大罷免運動的歷練，公民也不會再像之前那麼好唬弄了；臺灣公民社會也經由這場運動而注入活水新血，在日後展現出不同氣象風貌，也會有更強健的生命來因應未來不同的社會新衝擊，這是二〇二五大罷免留給臺灣珍貴的資產。

（本文部分內容改寫自 2025/05/13《太報》顧爾德專欄）

顧爾德
本名郭宏志，資深新聞工作者、專欄作家。美國 SUNY-Binghamton 大學社會學碩士，臺灣大學經濟系學士。

這場罷免，讓世界都看見

斯坦

我在臺灣居住超過十年，加上來來去去的時間，累積已有十五年。臺灣民主制度的發展一直深深吸引著我。波蘭與臺灣的民主化時間點相當接近——一九八九年六月四日，當中共用坦克輾壓手無寸鐵的學生時，波蘭則舉行了共產黨執政以來的第一次民主選舉；而臺灣也在一九九六年實現總統的首次直選。我相信，對抗極權是全球不可逆轉的潮流，而一九八〇至一九九〇年代正是這波變革的重要轉捩點。當時，我們見證了共產政權在多國瓦解，民主運動在世界各地風起雲湧。有些國家走向成功，例如臺灣、波蘭、波羅的海三國和捷克；也有失敗的案例，如一九八九年的中國；更有些地區表面看似成功，實際上只是爲日後的新一代獨裁者鋪路，例如普丁掌權的俄羅斯和盧卡申科統治下的白俄羅斯。

作為民主陣營的一員，我們最應該警惕的，正是獨裁專政有可能捲土重來。而自一九九六年總統直選以來，臺灣始終站在對抗獨裁的最前線。這個獨裁勢力，未必只是外來的中國共產黨，也可能是曾經在臺灣實施長達三十八年戒嚴、至今卻仍未對歷史負起責任的中國國民黨——一個從昔日反共，走向今日親共、甚至不惜出賣臺灣利益的政黨。

在來臺灣之前，我對臺灣的民主發展已有些許了解；而隨著在臺時間的累積，我也愈發關注這個社會對民主制度的渴望、對自主意識的追求，以及對抗極權統治所展現出的覺醒精神，同時也看到過去極權體制所留下的歷史陰影。以我觀察，臺灣在許多議題上仍未能形成社會共識，其中一大部分原因，是源自國民黨時期的黨國教育遺毒。那個時代，臺灣人被禁止說自己的語言、被禁止認同自己是臺灣人，反而被強行灌輸如同殖民歷史一般的思想邏輯，要當一個「堂堂正正的外國人」。

沒錯，你沒看錯。中國人對臺灣而言本就是外國人，但中國國民黨這個來自境外的政權，自遷臺以來卻強迫臺灣人變成與他們一樣的「外國人」，否則就會被清算、被關押，甚至被殺害。幾十年過去了，臺灣人怎麼可能不會感到矛盾與痛苦？

中國國民黨的可怕之處，在於它的極權手段與其他專制政權略有不同。例如波蘭的共產黨從未要求波蘭人把自己視爲俄國人，也從未禁止波蘭人說波蘭語。但中國國民黨的行徑，反倒更像當年蘇聯對烏克蘭進行的洗腦教育，試圖讓人民完全遺忘自己是誰。而與蘇聯政權關係密切的中國國民黨，或許也從中「學習」了這一套手法。

我一直深信，臺灣人對自我認同與自由自主的渴望，是非常值得被國際看見的。因此，最終我也決定站出來，製作關於臺灣認同的節目，在世界舞臺上，向更多人推廣這座美麗而堅韌的國度。

臺灣的公民運動與波蘭公民運動有何差異？

臺灣的公民運動與波蘭的公民運動其實有不少相似之處。波蘭統一工人黨（即波蘭共產黨）掌權後，社會上始終存在著反抗運動。波蘭人民長期以來一直渴望擺脫共產專政，實現眞正的民主選舉。在一九四五年至一九八九年之間，波蘭爆發了多次大型的社會抗爭運動，對抗統一工人黨的暴政——幾個關鍵的歷史時刻分別出現在一九五六年、一九六八年、一九七〇／七一年、一九七六年、一九八〇／八一年，以及一九八八／八九年。可以說，無論世代如何更迭，無論蘇聯如何干預與打壓，波蘭人民反對暴政的意志從未熄滅。

臺灣也是如此。從二二八事件，到中壢事件、雷震事件、美麗島事件等等，臺灣社會也始終有人勇敢對獨裁體制說「不」。這些公民運動同樣感動了各個階層的人，讓他們站出來爲自己、爲臺灣發聲。

中國國民黨與波蘭統一工人黨有一個可怕的共同點——他們都曾暴力對待自

己國家的人民，以血腥鎮壓和長期戒嚴來維護自身統治。沒錯，波蘭也曾實施戒嚴。但兩者差別在於：在波蘭，團結人民的是由工人所組成的「團結工聯」；而在臺灣，讓人民集結起來反抗威權的，則是黨外人士領導的政治運動。

這一次，臺灣人再度走上街頭，發起連署行動，反對國民黨與民眾黨聯手濫權，意圖讓臺灣走向變相的立法獨裁。所謂「大罷免」，正是一個成熟的民主國家，人民用來糾正錯誤、調整方向的機制。別忘了，在一個眞正的獨裁體制裡，例如中國，根本不存在罷免機制。不管共產黨官員做得多爛，人民都沒有機會透過法律程序罷免他們，也不可能在體制內選出一個非共產黨的政府。

大罷免的重要性

現在國民黨與民眾黨聯手攻擊罷免團體，說他們是「惡罷」，試圖將人民的正當行動汙名化。但他們絕口不提的是，罷免其實正是臺灣憲政體制賦予人民的一項合法權利，是法治民主中極其重要的錯誤修正機制。畢竟選舉本身也可能犯錯，一些候選人會在競選期間刻意說謊、僞裝立場，欺騙選民的信任。

例如牛煦庭當初一再宣稱自己的對手是「黨意大於民意」，結果自己當選後卻毫不掩飾地成爲傅崐萁的小弟；丁學忠甚至脫黨參選，僞裝成獨立候選人，但當選之後卻完全與中國國民黨立場一致，毫無獨立性可言。

這些行爲，難道不會讓選民感到被背叛？有稍微關注政治的人，都能看出這些候選人在選舉中欺騙了選民。被罷免，根本就是他們應得的結果。

我實際訪問衆多參與大罷免行動的人士，他們都有一個共同點：對臺灣未來充滿危機感。

在一次節目中，我實地採訪了許多參與罷免行動的人，從罷免團體的志工到簽下連署書的民衆，年齡層橫跨非常廣，有剛滿十八歲的年輕人，也有已經退休多年的長輩。他們來自不同背景，卻有一個共同點：都密切關注國際新聞，也都眞切擔憂臺灣的未來走向。

多位志工向我表示，他們最大的擔憂，是當中國對臺灣虎視眈眈、併吞野心日益高漲的時候，立法院卻被國民黨與民衆黨聯手把持，這兩黨非但沒有站出來捍衛國家，反而急著把更多權力集中到自己手上。傅崐萁赴中拜會中國官員後，立院迅速通過各種荒唐法案，讓臺灣的處境更加危險，包括提出反戒嚴的公投、削減國防預算，這些舉動讓民衆感到極度不安。

也有年輕人對於文化部等預算遭到刪除深感不滿。當臺灣正在爭取國際能見度、力拚文化實力之際，相關資源卻被國衆兩黨任意攔截與操控。有家長則擔心托育與補貼政策遭到犧牲，進一步削弱臺灣年輕家庭的未來信心。

這些民衆的共識很明確：國民黨與民衆黨的作爲，已經不是站在保護臺灣的立場，而是實際上幫助了臺灣的敵人，讓中國勢力對臺灣的影響力不斷擴大，讓臺灣變得更脆弱、更分裂。

因此，這次的大罷免不只是單純的公民運動，更像是一場團結所有眞正熱愛臺灣、關心國家安全的人民的總動員。過去的社會運動往往集中在特定群體，例如太陽花學運主要由大學生主導，而這次罷免行動的參與者則來自各種年齡、階級、教育背景，是全民力量的匯聚。

國際社會也同樣關注臺灣的變化，尤其憂慮臺灣若朝親中路線傾斜，美國等盟友將不再視臺灣爲值得信賴的夥伴。美方近年來已多次警告臺商與中國的過度依賴關係，也注意到臺灣在機密外洩與親中勢力滲透等方面的風險。國際媒體甚至以「滅國國會」形容當前的立法院，直指國民黨正在玩一場極其危險的遊戲。

一旦臺灣失去主權，變得與中國無異，這將是難以逆轉的災難。民主是一步一步辛苦建構的，但崩壞卻往往在一夕之間。

同時，我也看到愈來愈多國際觀察者開始注意到，臺灣的親中勢力影響力之大，甚至超過了俄羅斯入侵烏克蘭前，烏克蘭國內的親俄派所造成的破壞。而這股親中力量，不僅會削弱臺灣，也會讓盟友更難出手相助。這正是中共最希望看到的局面。

因此，大罷免行動的出現，不只是政治事件，更是一個證明臺灣社會仍具備自我反省與糾錯能力的重

那麼，讀者可能會問：我們該如何讓更多人關注這場大罷免行動？又該如何讓更多人理解臺灣如今的處境？

其實，已經有許多專家、媒體、意見領袖開始密切關注臺灣的走向，也有愈來愈多國際友人擔心臺灣會被親中、賣臺的人掌握政權。現在最需要的，不是繼續等別人說話，而是我們每一個人都應該站出來發聲。你、我、他都應該向身邊的朋友、不論是臺灣人還是國際友人，持續溝通，分享罷免的進度與眞相。

但更重要的是，在關鍵的時刻，絕對不能缺席投票。你手中的那張選票，不

只是公民權利，更是作爲自由民主國家一員的神聖義務。歷史上有多少人曾爲了讓今天的我們擁有投票權而流血，我們絕不能辜負他們的犧牲。

要守護臺灣得來不易的民主體制，就必須拒絕讓中國勢力在臺灣擁有話語權。這也是爲什麼，這一次的大罷免，不只是一場政治事件，更是一場保衛民主、捍衛臺灣主權的生死戰。

斯坦
Stan Kwiatkowski
YouTuber、政治評論員、「報呱」專欄作家，薩塞克斯大學人權博士研究人員(doctoral researcher in human rights)。專注於國際關係與人權議題，積極參與並紀錄支持臺灣加入國際組織的抗議活動。在臺灣生活超過十年，精通中文、日文、臺語、英文、德文、波蘭文和俄文。經常在《華盛頓時報》、《自由時報》等媒體投稿。

大罷免是歷史動力加速器

周奕成

從二〇二五年年初到現在，「大罷免」運動走了半年多。我沒有參與政黨或政治活動，但我在一月初就決定我的立場是支持大罷免。

這段期間以來，我持續思考和反省這樣的看法是對的嗎？我是這樣的人，會不斷切磋打磨自己的想法。不僅是針對大罷免，即使是我自己發起的議題，我也會反覆思考。如果覺得不對，就會修正。因爲思考、批判就是知識分子的責任——包括對自己的批判。

半年來，我愈來愈確定大罷免運動是對的，而且不能不做。

大罷免是一個加速器，讓臺灣的問題暴露出來。藍白國會亂政，則是一種歷史動力的阻礙。臺灣特殊的社會結構與憲政制度，使得政治系統本身無法解決問題，於是形成了一種「阻滯狀態」（stagnation）。因爲受不了這種阻滯，民間發起了大罷免，這看似讓衝突變得更激烈，但卻是突破這種阻滯狀態的唯一辦法。

大罷免激起的反制性罷免，暴露了國民黨作爲國會最大黨，卻沒有組織能力，甚至集體從事造假犯罪。這是在大罷免之前尚未顯露出來的事實，而大罷免運動讓這個事實揭露出來，因此大罷免運動是一種加速器或催化劑。

揭露國民黨的眞實狀態是其一，另一是中國共產黨在臺灣的布置加速浮現。各種代理人、代言人加速表明其態度和身分，在這段日子裡臺灣社會已經目睹許多了。

還有憲政僵局的終極解法，必定需要大規模修憲，這件事也會被更多人理解。大罷免使得進一步憲政改造，也卽是「第三共和」的可能性提高了。人們會更了解到，臺灣需要進一步的憲政改造。這是最重要的眞相揭露。眞相的揭露，促進人的認知與覺知。因此從歷史動力的角度，大罷免運動是好的，是必要的，讓臺灣有機會衝破停滯阻礙的狀態。

用一些西方激進思想者的說法，這是一種「加速主義」，用我自己的理論，這是臺灣「再現代化」的過程。

很多歷史時刻，人們會對發生的事有所疑懼。但過後回頭看，會覺得本來就應該這樣。

大罷免是憲政僵局突破口

二〇二五年一月五日，大部分人都還對大罷免運動觀望時，我就寫下這段文字：

我審慎思考後，決定支持民進黨 all in，全面總罷免，Total Recall。必須要總罷免，才能夠讓罷免國會議員重選，具有憲政意涵。

也就是在行政院沒有權力主動解散國會，國會又不肯提出不信任案倒閣，而形成的憲政僵局下，罷免立法委員進行重選，以企圖改變國會多數，成為在下次大選前打破僵局的唯一方法。

但一般罷免是針對個別選區個別現任立法委員進行的。

必須是在全部選區的總罷免，才具有政黨對政黨的意義。

也就是相當於解散國會重新選舉，等於是人民對政府及國會的信任投票。

罷免重選和解散重選，在人民主權精神上有類同之處，當然也有重大差異。

這要留給法律和政治學者繼續去研究。

大罷免是對國際的表達

在我提出決定支持大罷免後，有朋友說，因爲信賴我，決定支持全面罷免。這樣我的責任蠻重大的，我於是就再思考了一遍，並把我的理由再說一遍。

第一，別無他路。大罷免是解決國會亂象唯一一條可能的路了。人民一票一票，是最根本的解決途徑。而且確實是沒有其他的路。有些親藍媒體說，賴清德爲什麼不退讓，但我看不出藍白陣營有給總統什麼退讓的空間。如果要逼迫賴清德交出政權，或籌組聯合內閣，藍白應該要做的是發動倒閣，進行政治談判。但現在藍白政黨在做的，並不是要分享政權，而是要癱瘓政府。即使賴清德願意談判，我看不出他可以和誰談、有什麼方案可談，或者就算談了，又能得到什麼可信的承諾。

未來三年，臺灣命運關鍵時刻，難道要耗在這樣的立法院？眞的不如現在攤牌。沒有別的選項，拖下去也不會更好。

第二，國際表達。唯有大罷免，可向國際社會展現臺灣民意。若沒有大罷免，只看立法院決議，國際媒體會誤以爲臺灣民意親中，以爲臺灣人放棄自我防衛，傾向接受中國統一。唯有大罷免運動，足以對國際社會放出強烈的訊息：臺灣人沒有不要潛艦，臺灣人確實想要加強軍備。

沒有大罷免運動，國際社會難以接收到這樣的訊息。

第三，思考修憲。大罷免凸顯現行憲法的問題，讓民眾思考大規模修憲的必要性。就正常的民主行使，大規模罷免國會議員，確實很不尋常。但唯其不尋常，才能讓多數人民理解到，現行憲法有巨大缺漏，從而爲大規模修憲——第三共和，累積人心的能量。

以上三層，是我支持全面罷免的理由。

大罷免驅散人民無力感

當然要推動罷免，而且不是小罷免，一定要大罷免，全面罷免。

有朋友問我，一向都是溫和的人，這次爲什麼變得激烈。我回說，哪裡激烈了？人民一票一票召回（recall）選出的代議士，多麼平和理性，哪裡激烈了？比起讓立法委員在議場裡打架，讓民眾上街示威，這樣不是好得多了嗎？

全面罷免，才具有解散國會的意義。一點仇恨都不需要。

就是覺得讓國會再這樣三年不ＯＫ，大家重新選一次，有什麼不好嗎？全面罷免，重新選舉，是讓人民對一年來的立法委員表現再評估，讓立法院得到新的民意授權（mandate），有什麼大不了的嗎？說全面罷免太激烈，我反倒覺得很奇怪。這是最平和最根本的解決之道呀。

也有朋友問我，民進黨會不會贏？我說，我怎麼知道呢，況且我也不是民進黨。但我可以說，以我對民進黨的了解，民進黨早就瀰漫著失敗主義氣氛。做什麼事只想要贏，只願意做會贏的事，就會畏畏縮縮。政黨做一件事，難道有穩贏的嗎？人民決定的事，政黨哪有穩贏的。

不過有些朋友記得，在二〇二二年四項公投之前，我告訴民進黨的朋友，你們四題都會贏，但他們都不相信。當時全臺灣可能也只有我一個人這樣說。後來果然執政黨四題都贏了，就有很多人來說周先生未卜先知，問我爲什麼知道。

問這種問題，我也覺得很奇怪。

我說，因爲這次你們有道理，就會贏啊。去把道理講清楚就好了呀。

大罷免是平靜與愛

大罷免就要全面罷免。全面罷免，會不會造成更大的政治對立？我覺得不會。已經夠糟了，也很難再更糟，只能用更大的民主來解決。

大罷免會贏嗎？當然不一定。

所以我才說是 all in。all in 哪有穩贏的？就是交給人民做決定。

而且，全面罷免，才是對大局的選擇：不是選區人民對某一個立法委員，這樣反而不用完全取決於仇恨值。不要爲了對某些人的仇恨而動員，要爲了對未來的選擇。

選擇未來，必須是理性的。大家把路線政策立場攤開來，讓人民再一次做選擇。

朋友問我對個別立法委員的看法。我說，我對任何個別立法委員沒有仇恨。大部分現任立委我根本不認識，我也很少看電視，不清楚他們說什麼。我不針對任何個人。就是要全面罷免，才具有擬似（超越）解散重選的意義。

沒有仇恨。只有愛。沒有憤怒。非常平靜。就是全面罷免。

心中沒有恨的人，想事情會很簡單。不需要憤怒，不需要仇恨。爲什麼要憤恨？

支持大罷免，只需要平靜與愛。

（本文改寫自作者臉書貼文）

周奕成

政治運動家，社會創業家。創立世代街區等七家公司、發起大稻埕國際藝術節，也曾創立第三社會黨。美國麻省理工學院斯隆管理學院碩士，美國約翰霍普金斯大學高等國際研究院碩士，國立政治大學新聞研究所碩士修畢。

爲愛而罷：公民做主，反共不分藍綠！

為愛而罷：公民做主，反共不分藍綠!/ 曹興誠等作 . --
初版 . -- 新北市：遠足文化事業股份有限公司一卷文
化出版：遠足文化事業股份有限公司發行，2025.07
面；　公分
ISBN 978-626-7686-20-1(平裝)
1.CST: 社會運動 2.CST: 公民社會 3.CST: 民主政治
4.CST: 罷免權

541.45　　114009097

企劃｜一卷文化
作者｜曹興誠等

一卷文化

社長暨總編輯｜馮季眉
責任編輯｜馮季眉、翁英傑、盛浩偉
封面設計｜(a) step 一步工作室
內頁排版｜(a) step 一步工作室

出版｜遠足文化事業股份有限公司 一卷文化
發行｜遠足文化事業股份有限公司（讀書共和國出版集團）
地址｜231 新北市新店區民權路 108-2 號 9 樓
電話｜(02)2218-1417
客服信箱｜service@bookrep.com.tw

法律顧問｜華洋法律事務所 蘇文生律師
印製｜中原造像股份有限公司

出版日期｜2025 年 7 月　初版一刷
定價｜450 元
書號｜2TNN0001
ISBN｜（紙書）　978-626-7686-20-1
（EPUB）978-626-7686-22-5
（PDF）　978-626-7686-23-2

編輯過程中，承蒙支持大罷免的熱心人士及志工協助，才讓本書順利誕生。
由於編輯時間緊迫，若有任何疏漏，尚祈見諒。一卷文化編輯部全體同仁再次對所有曾經伸出援手，給予各種資源與協助的人士，致上最深的謝意。